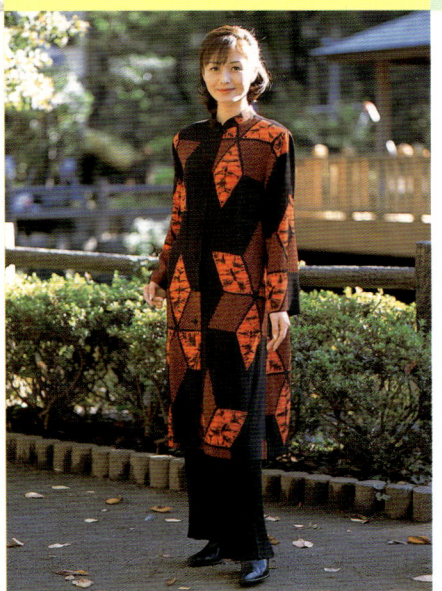

着物をおしゃれにリフォーム

成美堂出版

着物をおしゃれにリフォーム
古い着物と古裂の素敵な楽しみ方

■目次

■この本の使い方

■着物のファッショナブルリフォーム
10のポイント ——4

REFORM 洋服

■デザイン見本

留袖からパーティードレスへ／6　紬で作るロングベスト／8　振り袖からドレスへ／9　大島、縮緬、帯の端切れでベストを作る／11

大島紬からロングベストへ／18　大島で作ったジャケットとスカート／19　紬からフード付ロングベスト／20　兵児帯からドレスへ／22

■作り方

■デザイン見本

男物兵児帯で作るベストの作り方

■一枚の着物から作る ——24

縞柄生成り紬のコート／28　唐草模様のコート／29　麻の葉模様の羽織からロングブラウス／30　裾模様のドレス／31　留袖の黒と緋色の長襦袢から／32　無双の羽織で作ったコート／34

■作り方

■タンスに眠る思い出の着物を取り出して ——35

着物のほどき方／36　ほどいた布をチェック・アイロンがけ／37

■作り方

帯地で作るベストの作り方

ベストとお揃いの帯地のバッグを作りましょう

■作り方

スタンドカラーの大島のベストの作り方

12　16　21

REFORM バッグ

■作り方
小紋で作るブラウススーツの作り方 —— 38

同じ布でポシェットを作ります —— 41

■デザイン見本
表は紬、裏地とキャミソールに意匠を —— 42

■作り方
縮緬の布を使ったキャミソール型ベストの作り方 —— 44

古布の意匠 / 27 47 48 49 50 82

和のキルトでバッグを作る
ほんの少しの余り切れで出来る自分ブランドのバッグ —— 51

■デザイン見本
素材の確かさが輝くから、格調の高さで他にひけをとりません / 52
カジュアル、フォーマル、洋服、和服、どんなシーンにも合わせられるマイバッグ / 54

■作り方
気軽なお出かけにいつでも重宝する舟底型のバッグ —— 56

斜めにファスナーを付けて、アンシンメトリーの面白さを出したお洒落なショルダーバッグ —— 66

一泊旅行にも便利なボストン、ショルダー、セカンドの三点セットのバッグ —— 71

REFORM 小物世界

スカーフ / 77　コサージュ / 78　生活雑貨 / 79

着物地の基礎知識 —— 80
古布を買えるお店ガイド —— 83
古裂の店おかざき —— 93
古裂が買える骨董市 —— 94

着物のファッショナブルリフォーム、のポイント

タンスの中に何枚もあるけど、この頃ちっとも袖を通さない。若い頃のものはもちろん、両親や祖父母の時代のものまであったりして。着物は染めといい、織りといい、それは見事な工芸品で、世界に誇れるお宝の衣装なのに、何とももったいない話だと思いませんか。

そして一方で、「和」のブームです。伝統的な日本の美が今見直されて、食も住も和風が人気。といって着物はそのまま着るのはちょっとという方に、この本を捧げます。着物の風合いを生かしながら、ファッションセンス抜群の洋服やバッグによみがえらせるミラクル、そのポイントが満載です。

10箇条

一、布は古いほどいい。おばあさんの時代の着物が宝物。

二、いきなりはさみを入れないで、丁寧にほどいて。

三、シミや汚れはデザインでカバー、ピンタックやポケットが強い味方。

四、芯地を貼ったり、伸び止めテープで、土台作りをしっかりと。

五、女物より男物の生地が、思いがけない効果を生む。

六、小さな端切れも大切に。ワンポイントでワンランクアップ。

七、着物の柄にとらわれず、自由な発想のデザインで。

八、下着も襦袢も羽織の裏も、無駄なものは一つもない。

九、初心者はバッグや小物から始めるのが無難。

十、布の知識をしっかりと。古裂の楽しさに目覚めよう。

この本で紹介する洋服やバッグは、デザインとしての完成品と、作り方を説明しているものと二種類あります。作り方の説明は比較的初心者でも出来るように配慮しておりますが、デザイン見本としての完成品は素材のそろえ方、縫製の技術など難しい点もありますので、プロの方にご相談されることをおすすめします。

洋服、バッグの作り方についてのお問い合わせ・ご相談は下記にお願いします。
(洋服の作り方) 古裂の店おかざき
Tel・Fax 03-3955-0393
水・木・金・土PM1時〜5時
(バッグの作り方) 村松信子
Tel・Fax 03-3961-8160
(縫製のご相談) シャンドレス 伊藤敬子
福岡県粕屋郡篠栗町尾仲582-10
Tel・Fax 092-947-6139

REFORM
留袖から パーティドレスへ

もちろん結婚式にも着ていきます

留め袖を、結婚式だけのものにしてしまうのは、もったいない。思い切ってパーティードレスにしてみたら、楽しみ方も着る機会も格段に増えました。7ページ右は清楚な秋の草花を描き散らした裾模様をそのま生かし、広がっている裾は、くるみボタンでとめられます。余った布でポシェットも作りました。左は花嫁衣装の模様をつなぎ合わせ、新たなデザインを作り出しました。これならインナーを変えればどんな季節でも着られるので、夏の結婚式だってもう悩みません。

華やかによみがえる伝統の絵柄
お嫁入りの時に持ってきた留袖
新しいイメージで再登場

デザイン見本

REFORM

紬で作るロングベスト

何枚もの紬を縫い合わせたシャープなラインが魅力的

REFORM
振り袖からドレスへ

長い間タンスにしまったままでした若い頃に着ていた振り袖、思い出いっぱいですね。でも今はもう派手すぎて着られない。捨てるに捨てられないしと悩んでいたのが嘘のよう。御所解き模様は日本の風景を存分に表す格調高い柄ゆきです。派手なのに上品なのはそのためでしょうか。洋服地では絶対に得られないデザインです。

デザイン見本

何種類もの泥大島をパッチワークして作ったベスト。

和のデザインの粋なこと

デザイン見本

縮緬の模様に注目

1 鳥の模様は着物によく使われています。その一部分を切り取ってベストにはいでいます。ベストの地は喪服ですので、紋を生かしてワンポイント。

2 白い麻の襦袢を柿渋で染めたものです。柿渋は染め液が専門店で売られています。襦袢をほどいて水に濡らし柿渋の原液に漬けて干すだけです。

デザイン見本

自分で染めてみました

デザイン見本

REFORM
大島、縮緬、帯の端切れでベストを作る

大島の端切れは何枚あっても重宝します

手持ちの着物でリフォームするのも楽しいのですが、今は古裂もたくさん売られています。何枚かを端切れで買い求めて、持っている着物と組み合わせてみましょう。どんどん発想がふくらんで、二つとないお洒落なものが生まれます。最初はベストなどから始めるとデザインしやすいようです。古い男物の羽織の裏など、ハッとするほど斬新な模様があるので、探してみてください。

REFORM 帯地で作るベストの作り方

地味目の帯を利用して、リバーシブルで

1 着物で着るには地味すぎる帯も、端切れを組み合わせてベストにすれば、若々しく年齢に関係なく着られます。背の部分は黒い繻子の帯地を使用するのもよいのですが、古いものは布が弱っていることが多いので、ここでは洋服用に市販されているポリエステルで繻子織りの黒い布を使用しています。

2 リバーシブルにして裏地は紬を使い、両面着られるようにしています。下はポリエステルニットの黒いワンピースです。

3 表地の背中のワンポイント。表の布を3枚はいで作りました。

4 裏地の背中のワンポイント。羽裏の模様を切り取りました。

REFORM
帯地で作るベストの作り方

ベストの素材はこんな帯地で

おばあさんの時代の帯が素敵です

帯地は地味な丸帯（広幅地を二つ折りにして帯芯を入れた仕立て）を使っています。丸帯は最近では少なくなっていて、現在はほとんどが二枚を張り合わせる袋帯（袋状に織られているので本袋といいます）です。昔のものは生地がしっかりしているので、時代を経ても風格がにじみでます。帯にしろ着物にしろ反物は、幅が約38センチぐらいに決まっているので、身頃の幅に足りないときは布を接ぐ必要があります。まず、布を作るところから始めるわけです。

おばあさんが使っていた帯など残っていたら、それは宝物です。古くてすり切れていたりしても、部分として使用できますので、大いに活用してください。布の扱い方や芯の貼り方、アイロンのかけ方などは、P37で説明しています。

縫い代

後ろ / 前

※オレンジ色の部分は「伸び止めテープ」を貼るところです

帯地ベストの型紙

後ろ身頃 / 前身頃

スリット止まり

●材料● 表：帯地の端切れとポリエステルの無地布それぞれ適宜　裏：紬90×150センチ　ボタン4ヶ

●作り方● ①伸び止めテープを衿ぐり、肩、袖ぐり、前端に貼ります。②表、裏それぞれを中表に合わせ肩線を縫って割ります。③表、裏をさらに中表に合わせ、型紙の点線部分を合わせてミシンをかけます④カーブの部分にはさみで切り込みを入れます。⑤両面使用（リバーシブル）なので、縫い代をきせのかからぬように縫い目で折りアイロンをかけます（P15POINT参照）。⑥前身頃のカーブの所はぐし縫い（並縫い）をして糸を少し引っ張ってカーブを付け、縫い代は裏側に折ります。⑦縫った身頃をひっくり返して、スリット止まりまで脇を縫います。（縫い代を割ってアイロンをかけます。）裾線を縫ってアイロンで整えてからぐるりとコバミシン（端ミシン）をかけます。⑧穴かがりをしてボタンをつけ出来上がり（ボタンはなくても可）。

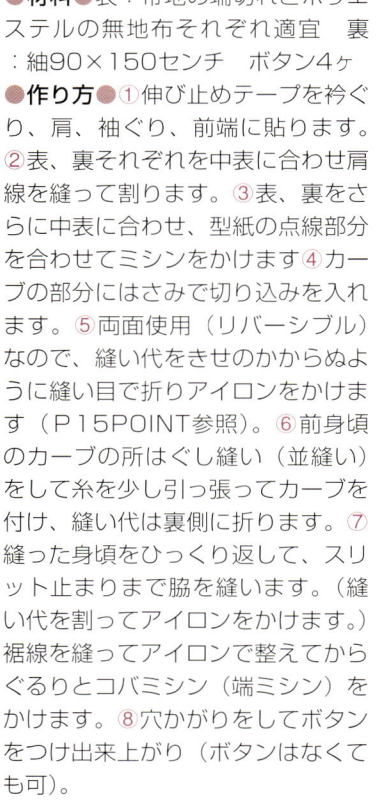

帯地パッチワークの布の取り方

実際に布を切って並べてみます。好みで布を逆に使ってもよいでしょう（P12参照）。

適当な紙を切って、どんな風に組み合わせるか、あたりをつけてみましょう。

型紙の点線：型紙は9号から11号を基準としています。13号にする場合は点線部分をプラス1センチ、全体で4センチ広げてください。

帯地ベストの出来上がり。12ページのは逆バージョン。

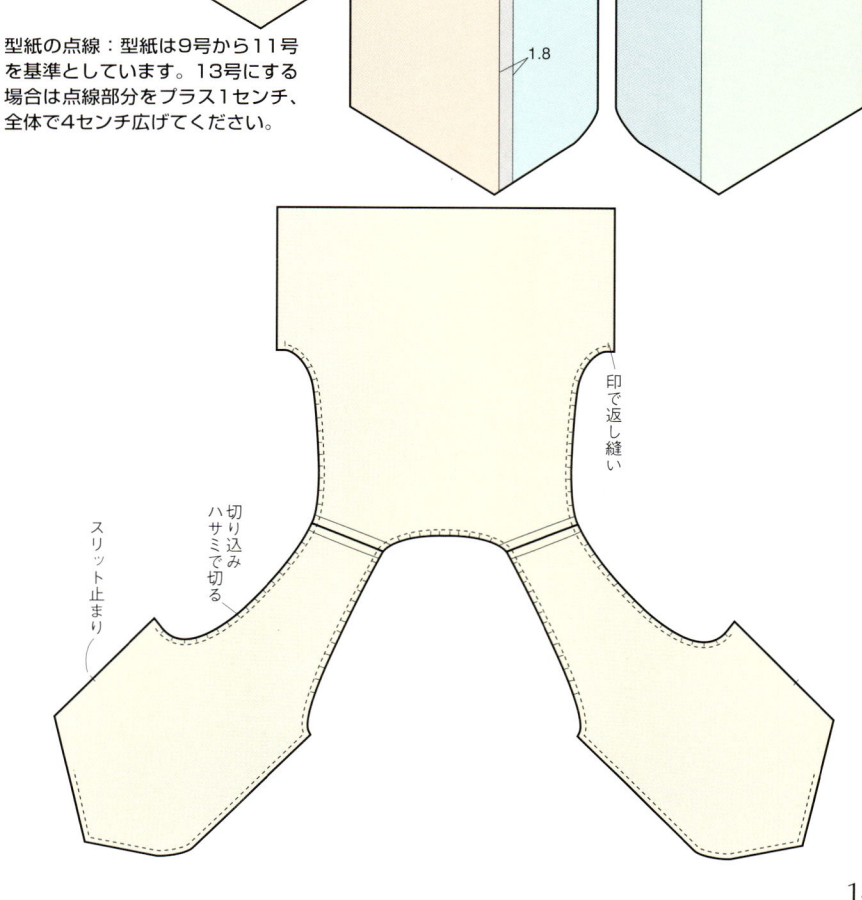

REFORM — 帯地で作るベストの作り方

洋服づくりに必要な道具

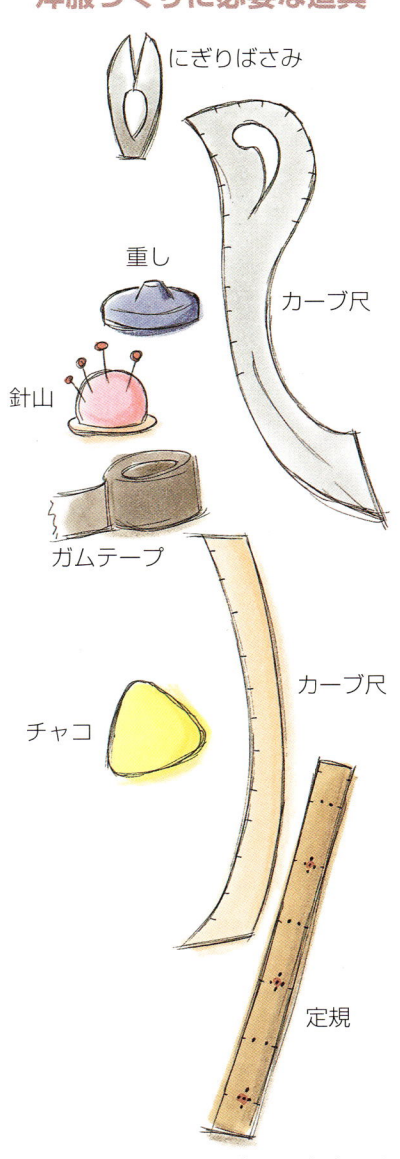

- にぎりばさみ
- カーブ尺
- 重し
- 針山
- ガムテープ
- チャコ
- カーブ尺
- 定規

洋服を作るための道具。カーブ尺や、布がずれないように重しなども用意すると便利。ガムテープは糸くず取りに。にぎりばさみは絶対必要です。

POINT

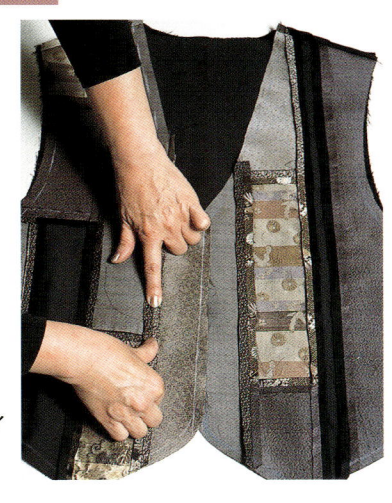

→ きせがかかる（くせがつく）のを防ぐため、アイロンをかける前に縫い代を指で開きます。

← カーブの部分は必ずはさみで切り込みを入れ裏側に折っておきます。

↑ 角で縫い代が重なったときは重なりの部分を切っておきます。

リバーシブルにするためのコツ

これは帯地で作るベストの裏です。このように表布と裏布とを中表に合わせて、途中でひっくり返して縫っていきますが、最後に裾の部分を一カ所縫わずに開けておく必要があります。そこから手を入れてひっくり返すのです。きれいにひっくり返せたら、開いているところは、端ミシンでとじます。

REFORM

スタンドカラーの大島のベストの作り方

普段着こそお洒落の心意気

大島のベストも作りやすいアイテムです。もっとも高価な大島にはさみを入れるなんてと躊躇する気持ちもあるでしょう。しかし、今は小さな端切れを売っていますから、少しずつ買って、組み合わせてください。帯地のベストのように背はポリエステルでもいいと思います。

泥大島の色合いがカジュアルシック

大島ベストの出来上がり図

REFORM

スタンドカラーの大島のベストの作り方

裏地縫い代

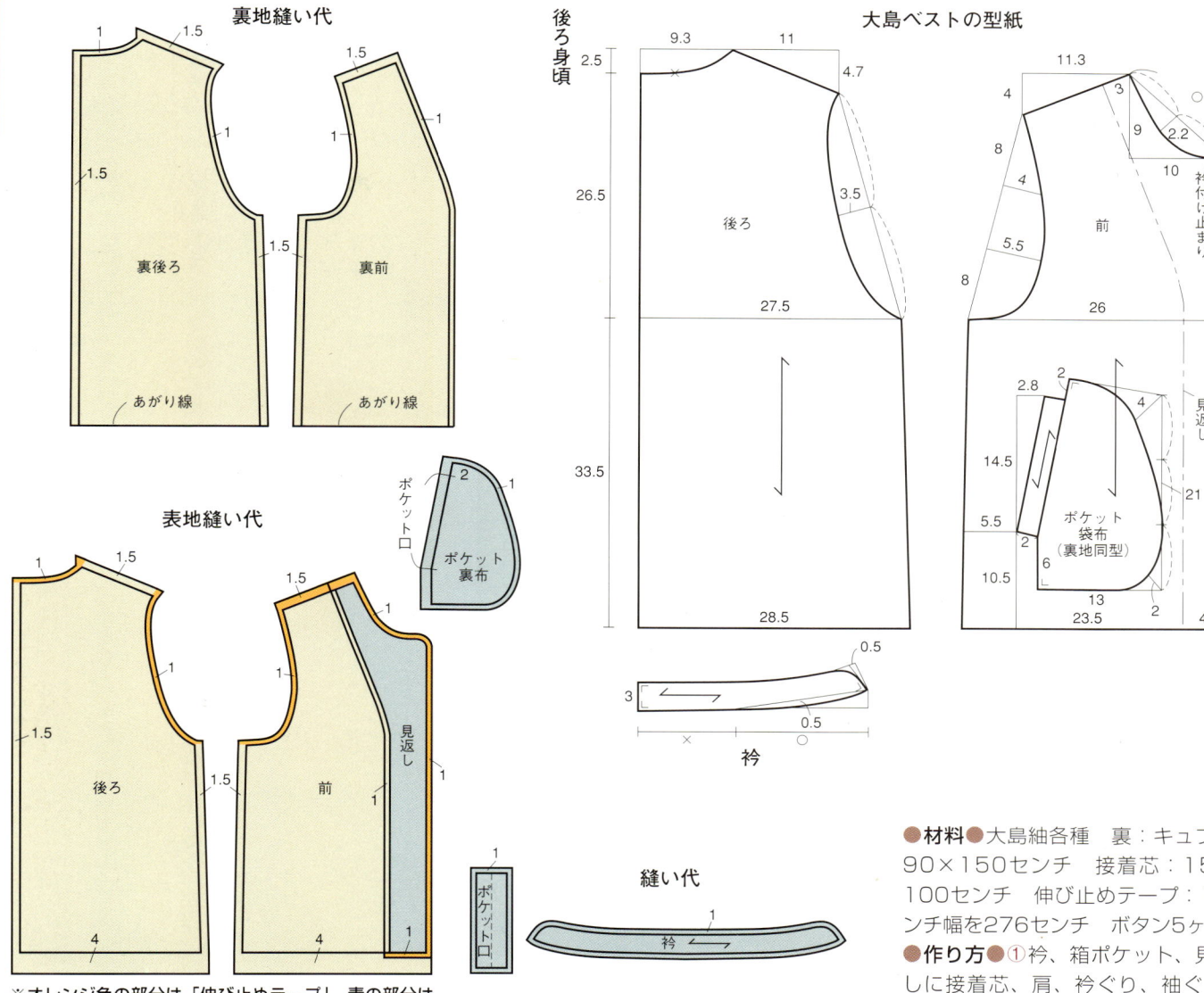

表地縫い代

※オレンジ色の部分は「伸び止めテープ」、青の部分は「接着芯」を貼るところです。

大島ベストの型紙

大島パッチワークの布の取り方

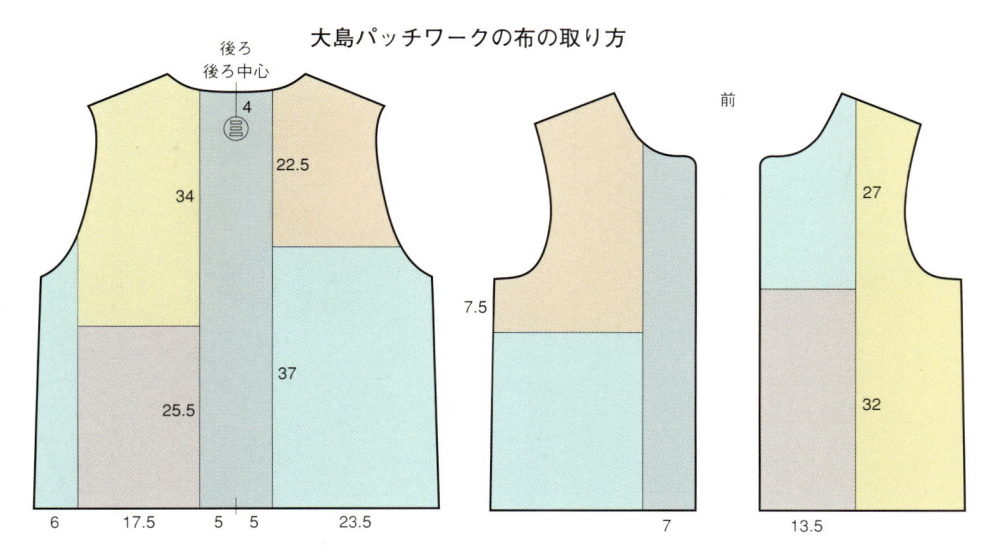

●材料● 大島紬各種　裏：キュプラ90×150センチ　接着芯：15×100センチ　伸び止めテープ：1センチ幅を276センチ　ボタン5ヶ

●作り方● ①衿、箱ポケット、見返しに接着芯、肩、衿ぐり、袖ぐり、前端に伸び止めテープを貼ります。②前身頃表地の裏に箱ポケットをつけます（ポケットはつけなくても可。アウトポケットでもよい）。③表、裏とも前身頃と後ろ身頃を中表に合わせ、肩線を縫って縫い代を割ります。④見返しは裏地と接ぎ縫い代を裏地側に片倒しします。⑤表地と裏地を中表にして前端、袖ぐり、衿ぐりを縫います。カーブには切り込みをいれ裏側に折っておき、表に返してアイロンをかけます。⑥脇を接ぎ縫い代を割ります。⑦裏地と表地を裾で縫い合わせまつります。⑧衿をつけます。衿は中表に二つ折りし、身頃につけない部分をぐるりと縫って表に返し、身頃につけます。

REFORM
大島紬からロングベストへ

街で注目されます
大胆な大島使い

1 何枚もの大島を縦のラインを生かして仕立てました。アンシンメトリーなデザインが個性的ですね。
2 1の後ろ姿。背筋を伸ばしてさっそうと歩きたくなるようなデザイン。
3 背部分のアップ。一本一本織られた糸の緊張感が時代を超えて伝わってくるようです。

デザイン見本

REFORM
大島で作ったジャケットとスカート

「それ、どこで買ったの？」と必ず聞かれますよ

デザイン見本

1 大島と茶色の紬をコーディネートさせたジャケットと多様な大島使いのスカート。
2 ジャケットの後ろ姿。模様を紋のようにあしらって。軽くて肌ざわりも良く、着心地満点。

REFORM
紬からフード付ロングベスト

爽やかで個性的な金茶と黒の格子模様

1 色使いがいかにもお洒落。日本の美意識を誇りたくなるような格子柄です。
2 フードが若々しい。同じ布と色系統の合う大島紬を加えてでパッチワークとキルティングのバッグを作りました。

1 2

デザイン見本

ベストとお揃いの帯地のバッグを作りましょう

布を裁つとき、どんなにギリギリで余裕がないと思っても、必ず余り切れは出るものです。そんな布を少しずつ寄せ集めておきましょう。それで立派なバッグが出来たりするのですから。これは12ページ～15ページでご紹介した帯地のベストの余り切れで作った手提げバッグです。7ページや20ページでもご紹介したように共布のバッグがあると、洋服がずっと引き立ちます。

後ろ側。底部に帯地を使用

4種類の帯地を使用。チャイナボタンをアクセントに

●**材料**● 帯地：4種類　茶色ポリエステル布　ひも：出来上がり50センチ2本　チャイナボタン：1個　裏地：45×45センチ

●**作り方**● ①4種類の帯地と茶色のポリエステル布を型紙の寸法通りに接ぎ合わせます。②後ろの部分も帯地1種類の布とポリエステル布を写真のように接ぎます。帯地の幅は好みで決めます。③表布を中表にして三方を縫います。④市販キルトの裏布を表と同じ大きさに切って三方を縫います。⑤底の部分で表と裏を縫いつけ、裏布をひっくり返して表になじませます。⑥表にひっくり返し口部をそれぞれ中に折り曲げ持ち手のひもも一緒に縫いつけます。チャイナボタンをつけて出来上がり。

表地布の取り方

20				
4.5	2.5	3.0	5.0	5.0

26

裏返した所。裏地は市販のキルト布を使っています

バッグの作り方は51ページより「和のキルトでバッグを作る」を参照してください。

REFORM

兵児帯からドレスへ

古い男物兵児帯がこんなに新鮮に

デザイン見本

1 総絞りの兵児帯で作ったベスト。ノースリーブのブラウスとしても着られます。
2 衿は胸元にタックを取ってその結果オフタートルネックのようになります。
3 珍しいグリーン地の兵児帯から作りました。ちょっと色のあせたところがかえってシックな雰囲気を出しています。

父親か、はたまたおじいさん？誰がしていたのか分からない男物の兵児帯、使い道がないと思いつつ何度もタンスにしまい込んでいたのに、こんなに素敵なドレスに変身しました。22ページ右は総絞り、左は藍地に霞の模様の絞り。今回はシックな男物ばかりで、色も黒、グレー、藍、グリーンなどですが、絞りの羽織を利用して鮮やかな色で挑戦するのもおもしろいかもしれません。

REFORM 男物兵児帯で作るベストの作り方

兵児帯で作るベストも初心者に入りやすいものです。ドライクリーニングに出し、肩線や袖ぐりに伸び止めテープを使うことなどで、テレンとしがちなボディもシャッキリと出来上がります。絞りは蒸気アイロンで伸ばして使います。兵児帯は、幅や長さがさまざまですので、作る前に寸法をよく確認することを忘れずに。

兵児帯ベストの出来上がり図

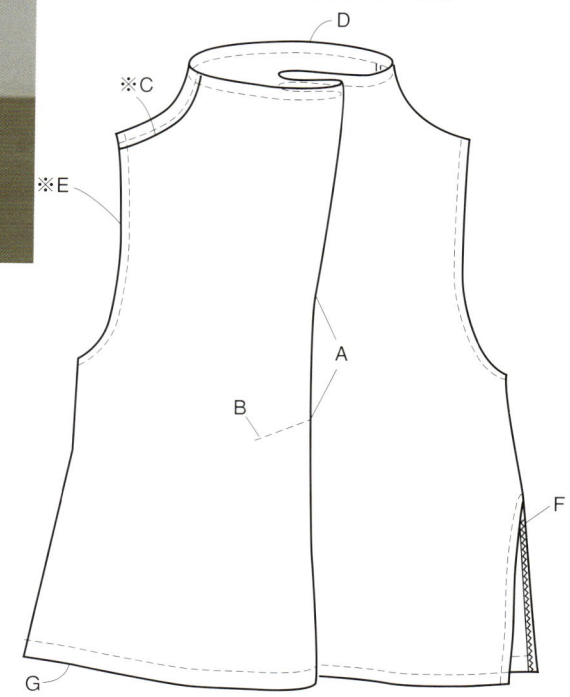

●材料● 男物兵児帯：1本　絞りの羽織でもよい　伸び止めテープ：幅0.8センチを155センチ（後ろ肩線、袖ぐりに使う）接着芯：幅3センチを24センチ（左脇スリット部）

●作り方● ①左脇スリット部（裏面）に接着芯を、肩、袖ぐりに伸び止めテープを貼り、前、後ろ、脇にロックミシンをかけ端の始末をします。②タックをとるために中縫いから縫い止まりまで縫い（A）、（B）にステッチをかけます。③前身頃と後ろ身頃を中表に合わせ、肩線を縫います。肩（C）縫い代は、折り伏せ縫いをします（P26C参照）。④衿ぐり（D）は三つ折りしてステッチをかけます。⑤袖ぐり（E）は共布バイヤステープで始末します（P26E参照）。⑥脇を縫い、左脇（F）スリットは二つ折りでステッチをかけます。

REFORM

男物兵児帯で作るベストの作り方

兵児帯が身頃の幅に足りない時は、先に布を接いでおく

兵児帯の幅、長さは一定していません。また絞りのあるものとないものとでは、アイロンをかけたときに幅が違ってきます。そのため身頃の幅に足りないときもありますので、その場合は先に接いで布を作ってから、型紙を当ててください。布の取り方は兵児帯と出来上がりベストのデザインによります。帯のデザインを生かしてどう作るかがポイントです。

前身頃縫い代

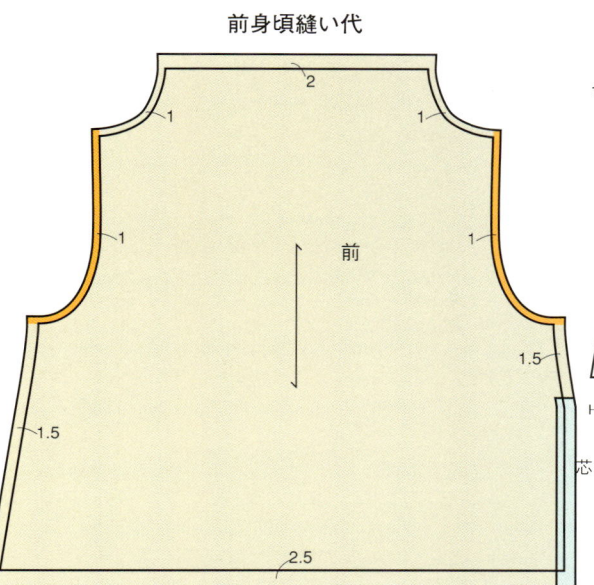

後ろ身頃縫い代

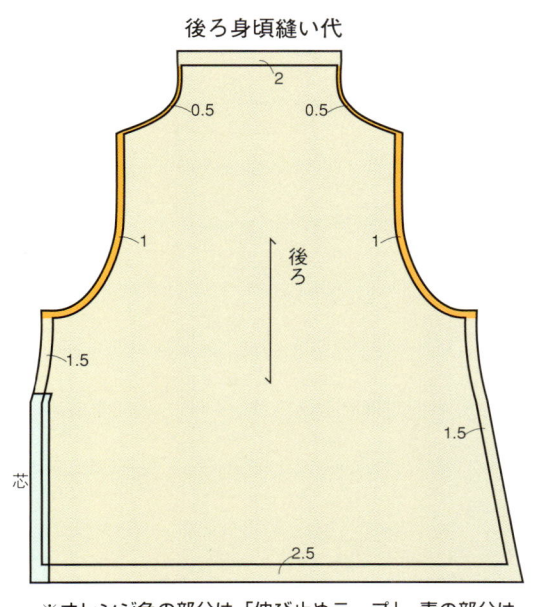

※オレンジ色の部分は「伸び止めテープ」、青の部分は「接着芯」を貼るところです。

兵児帯ベストの型紙　前身頃

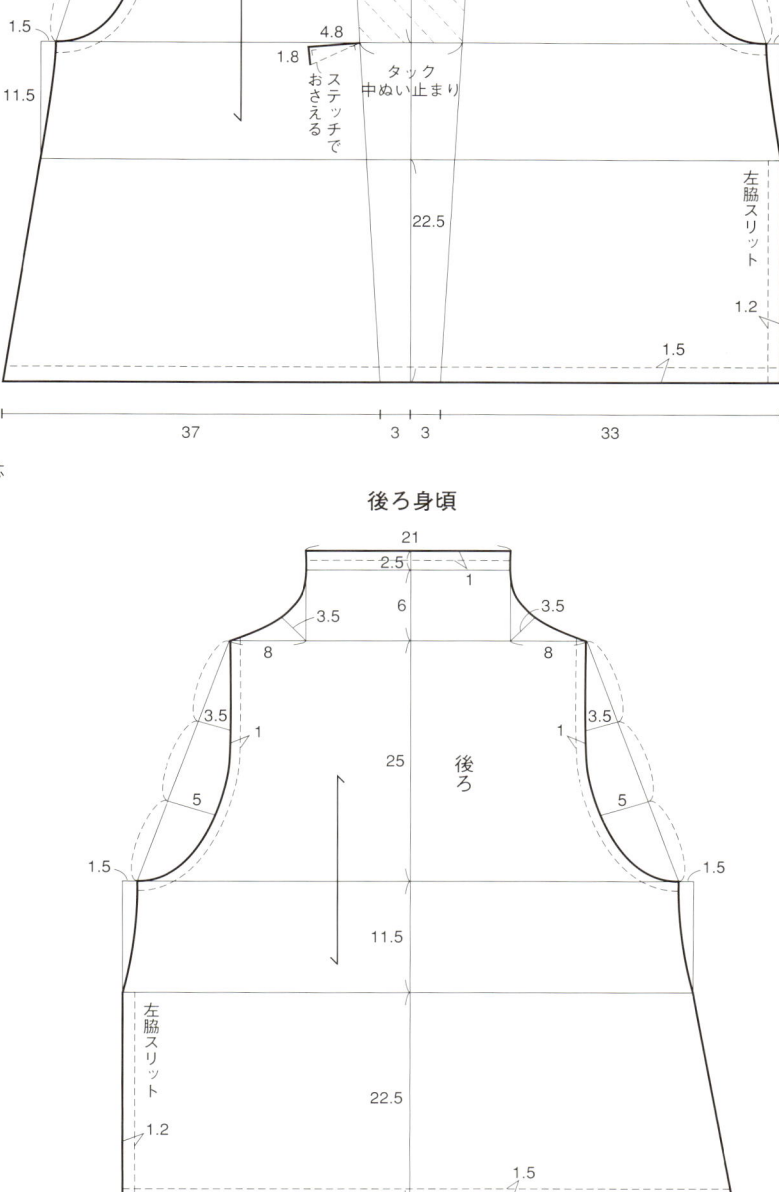

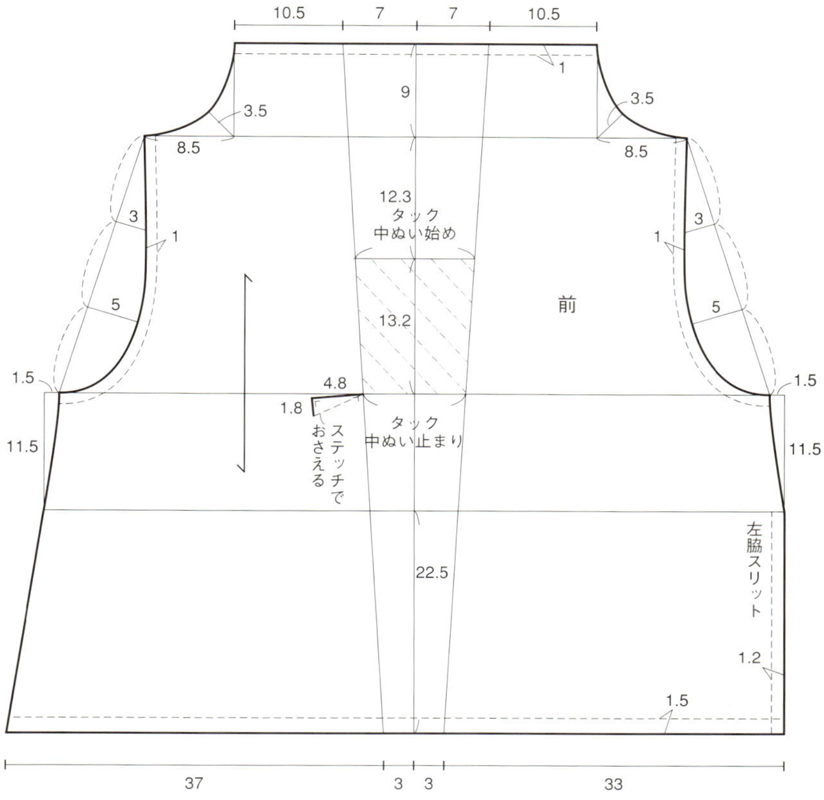

後ろ身頃

後ろ姿。この写真では下にポリエステルのシャツを着ていますが、このままブラウスとして着てもよいでしょう。

裏返したところ。袖ぐりのバイヤステープの始末に注目してください。また帯の幅が身幅に足りないので、このように接いでいます。古いものを使うわけですから布が傷んでいたり汚れていることがあります。そういう時はこのように裏で接いでいけばよいのです。

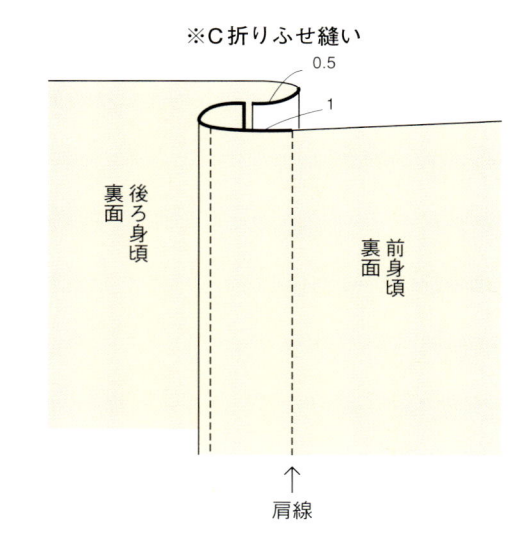

※C折りふせ縫い

※Eバイヤス始末

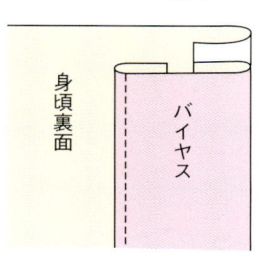

シミ、汚れ、破れなどがあっても大丈夫。デザインでカバーする素敵な裏ワザ。

古い着物のリフォームは汚れやシミがいつも問題。でも、左の絵のように汚れた部分を隠してピンタックをとればそれがかえって素敵なデザインに。布の段階でピンタックをとっておくこと。仕立ててからでは長さが違ってしまいます。

古い時代の織物なんて思えない、超モダンの柄ゆきです

1 どちらも大島。単純な市松模様なのに深みを感じさせます。しかも超モダン。古布の味わいに夢中です。
2 矢羽根模様の大島。古い時代を象徴する馴染みのある柄ながら、斜めと垂直の線の交わりは現代アートのよう。
3 柄ゆきで同じ大島でも風合いがずいぶん変わります。大きな花柄は優しくデコラティブ。

古布の意匠

REFORM

一枚の着物から作る

春の淡い陽射しに生える
縞柄生成りの紬の軽いコート

デザイン見本

大胆な唐草模様 どんな人が着ていたのでしょうか

紬の唐草模様です。地の色といい柄の大きさといい驚きの生地ですが、それに負けずに着こなす心意気を。シンプルなデザインのコートにしてストールを添えたら、品の良い一着に。着物で見ているときと洋服にしたのとでは雰囲気がガラリと変わるので、その見きわめが決めてとなります。

デザイン見本

1 共布のバッグを添えて。
2 リフォームは自由な発想が大事。気分で端切れを背中につけてみたり。シミや破れもそれで隠せますし。
3 ポケットを付け忘れても心配ありません。こんなふうに後からつけて。これも遊び心で。

麻の葉模様の絞りの羽織から
こんな素敵な
ロングブラウスができました

デザイン見本

あでやかな裾模様を生かして
地紋の美しさも格別です

留袖の黒と緋色の長襦袢
柔らかな風合いに上品な色気が漂います

デザイン見本

1 若松に飛鶴文の模様で表は控えめにし、花嫁衣装の赤い長襦袢の布を見返しにして華やかさを演出しています。綸子のさや型模様です。中のブラウスはタンクトップ型で、これも緋色の襦袢から。素材は錦紗で見返しとは差をつけています。黒と赤のコントラストで、ハッとするほどの印象に。
2 後ろは模様はなしですが、片方の袖だけに模様を生かして単調にならないようにしています。
3 共布で巾着型のバッグを作りました。バッグの後ろは紋でワンポイント。ひもの端を赤い布で包んでいます。
4 比翼仕立てにした布を貼り付け、衿裏に赤、合わせて山サンゴのイヤリングも手作りしています。

無双の羽織で作ったコート
見えないところに凝るのが粋

デザイン見本

一反の反物から裏も表もとって同じ布で仕立てることを無双仕立てといいます。男物の無双の羽織を利用しています。元の羽織は表は茶色一色で、模様やグラデーションは全部裏、その裏を表に生かして背中に模様が来るようにしています。スタンドカラーにはピンタックを取って、しっかりさせました。コートの裏は別の男襦袢の布を用いています。

タンスに眠る思い出の着物を取り出して

着物をほどいて服地にする

着る機会もないままにしまいこんでいた着物を洋服にして、再登場させましょう。一枚の着物をほどいて洋服に仕立て上げるプロセスをご紹介します。ほどく前にドライクリーニングに出してください。着物クリーニングですると高くつくので、ウールの着物のように扱って、といいましょう。そうすれば800〜1000円ぐらいですむはずです。

REFORM 着物のほどき方

ドライクリーニングでウール扱いで丸洗いしてもらった着物。

着物をほどく時はまず両袖をとり、それから衿、そして表布と裏布をはずすという順序でします。表と裏をはずすには、裾のそれぞれの縫い目をほどいていきます。

はさみは握りはさみを使います。扱いやすいように、元々縫われてきたのと反対の方向からほどいていきます。

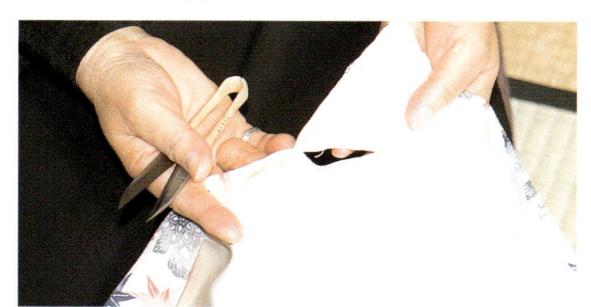

袖や衿はしっかり縫ってあるので、最後の留めから少し入ったところからはさみを入れていきます。

糸を引っ張ると自然に抜けますが、古い着物は布が傷んでいることもあるので、その場合は縫い目に丁寧にはさみを入れて。

着物を洋服にするとき、着物のままで型紙を当てていきなり切ってしまうという方法もないとはいえませんが、少々乱暴。やはり丁寧にほどいて使いましょう。反物の幅を生かして、布の端を縫わないで使えます。また、水洗いしてもいいかということですが、手洗いでもできなくはありませんが、やはり高価な着物です。リフォームしたものもそういつも洗濯するものではないと考えて、いつもドライクリーニングする方が無難です。

表地と裏地とをはずします。袖、衿と同様、縫い終わりの上からはさみを入れます。待ち針が出てきたりもするので気をつけて。

REFORM
ほどいた布をチェック・アイロンがけ

布は日にすかしてみると、弱っているところがよく分かります。特にお尻部分は布が薄くなっていることが多い。

アイロンは蒸気アイロンをかけます。布の端をアイロン台に合わせて、布がゆがまないように注意しながらかけていきます。

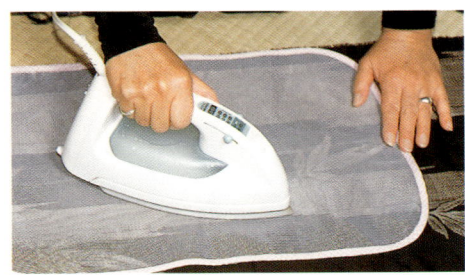

アイロンネットは百円ショップでも売っています。必ず用意しましょう。

高い温度にしなければ直に掛けて大丈夫ですが、「てり」の出ているような布地の場合はアイロン用ネットを使います。

布地が古くて糸を引けず、はさみで細かく切った糸くずを取るには、ガムテープが便利。

古い大島の布、小さな「つぎ」を見つけました。取り除いてもよし、アップリケで隠してもよし、デザインでカバーできますので、あわてないで。

着物は新品ではないので、汚れやシミ、焼き焦げ、つぎ、破れなどがあったりします。そういうところを念入りにチェックして。もっともコートなどほどくとポケットから名刺や診察券が出てきたり、また、丁寧な仕事かどうかもすぐに分かります。ほどくという単純な作業ですが、その着物の時代の歴史や文化を感じることもでき、リフォームはほどくところからその楽しみが始まるというわけです。

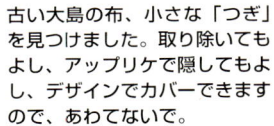

小紋で作るブラウススーツの作り方

REFORM

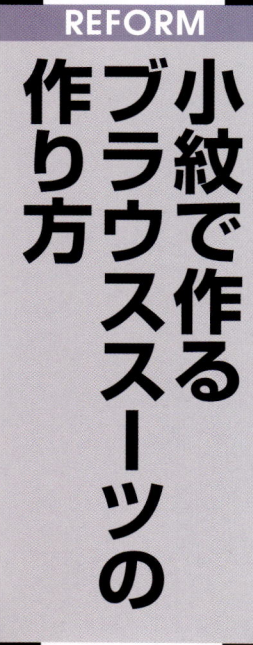

華やかな柄ですので、デザインはシンプルに。親しみやすいマオカラー（スタンドカラー）、ボタンホールをあける必要がないので簡単な、チャイナボタンをアクセントにしました。共布でポシェットを添えると、なんでもないデザインがとたんに生き生きとおしゃれに感じます。初夏の頃に着れば、絹の肌触りが気持ちよく楽しめます。

REFORM

小紋で作るブラウススーツの作り方

※A 脇スリット

後ろ（裏）　前（裏）

まつる

※C 小紋ブラウス出来上がり図

※D

※E

※B

※A

※B 袖山

12　12

後ろ　前

肩（袖山）

躾糸で縫い線の0.2cm内と外側をぐし縫いしておく

※C 衿

表に返した状態

表衿

縫い代は表衿は出来上がり線で裏衿は0.2cm出して折っておく

裏衿

※D 見返し

縫い代を折ってまつりつける

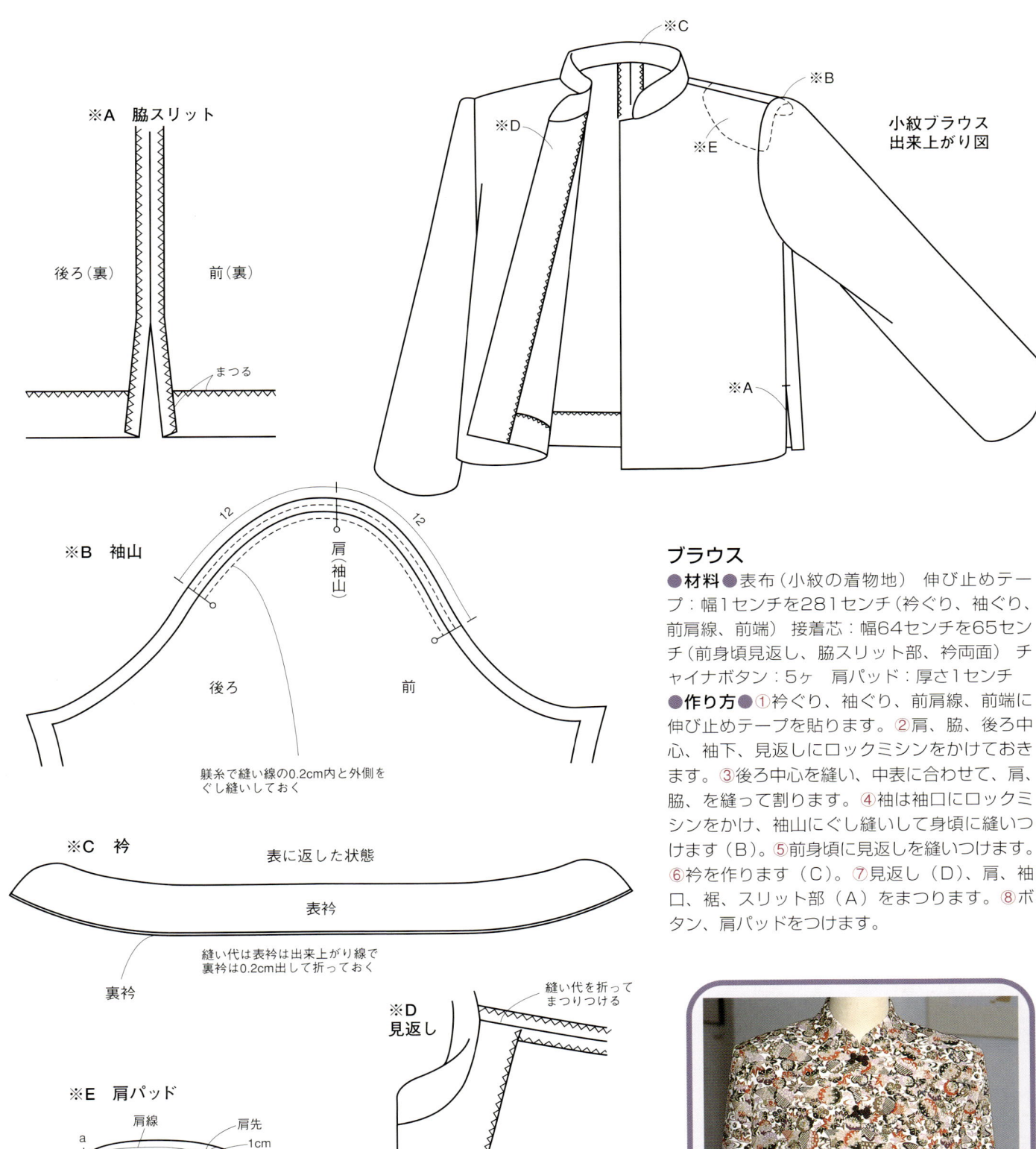

前（裏）

※E 肩パッド

肩線　肩先
a　1cm
　b

a〜bを後ろ肩の縫い代に止める

ブラウス

●**材料**● 表布（小紋の着物地）　伸び止めテープ：幅1センチを281センチ（衿ぐり、袖ぐり、前肩線、前端）　接着芯：幅64センチを65センチ（前身頃見返し、脇スリット部、衿両面）　チャイナボタン：5ヶ　肩パッド：厚さ1センチ

●**作り方**● ①衿ぐり、袖ぐり、前肩線、前端に伸び止めテープを貼ります。②肩、脇、後ろ中心、袖下、見返しにロックミシンをかけておきます。③後ろ中心を縫い、中表に合わせて、肩、脇、を縫って割ります。④袖は袖口にロックミシンをかけ、袖山にぐし縫いして身頃に縫いつけます（B）。⑤前身頃に見返しを縫いつけます。⑥衿を作ります（C）。⑦見返し（D）、肩、袖口、裾、スリット部（A）をまつります。⑧ボタン、肩パッドをつけます。

裏をつけずに大丈夫かと思われますが、30〜40年前の着物はそれほど着込んでいないので生地がしっかりしていて、十分に耐えられます。

スカート型紙

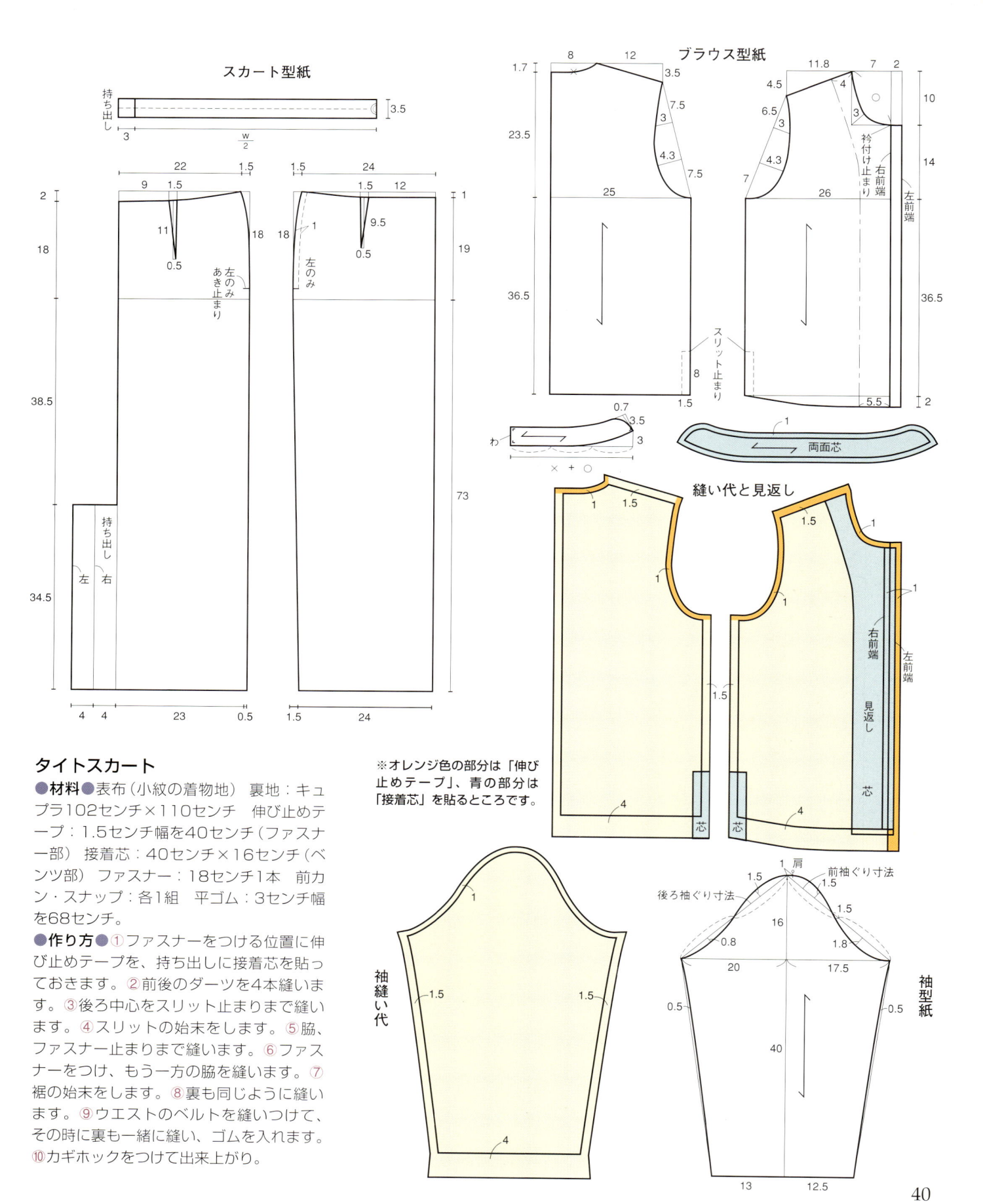

ブラウス型紙

タイトスカート

●**材料**● 表布（小紋の着物地）裏地：キュプラ102センチ×110センチ　伸び止めテープ：1.5センチ幅を40センチ（ファスナー部）　接着芯：40センチ×16センチ（ベンツ部）　ファスナー：18センチ1本　前カン・スナップ：各1組　平ゴム：3センチ幅を68センチ。

●**作り方**● ①ファスナーをつける位置に伸び止めテープを、持ち出しに接着芯を貼っておきます。②前後のダーツを4本縫います。③後ろ中心をスリット止まりまで縫います。④スリットの始末をします。⑤脇、ファスナー止まりまで縫います。⑥ファスナーをつけ、もう一方の脇を縫います。⑦裾の始末をします。⑧裏も同じように縫います。⑨ウエストのベルトを縫いつけて、その時に裏も一緒に縫い、ゴムを入れます。⑩カギホックをつけて出来上がり。

※オレンジ色の部分は「伸び止めテープ」、青の部分は「接着芯」を貼るところです。

REFORM

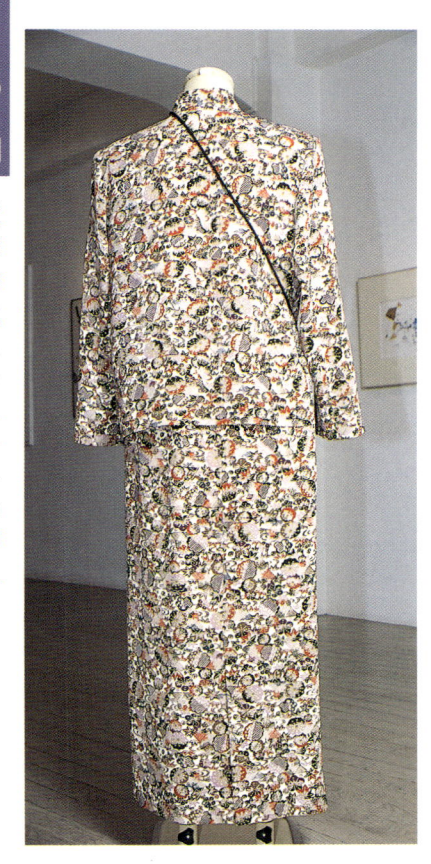

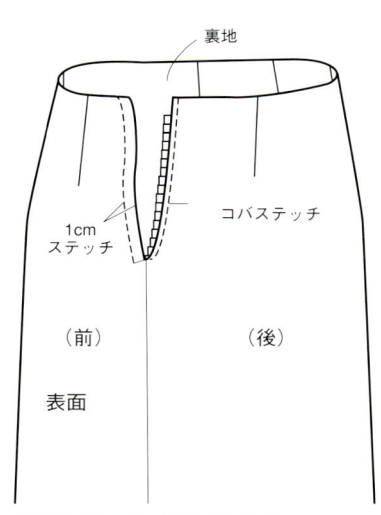

小紋で作るブラウススーツの作り方

裏地

1cmステッチ　コバステッチ

（前）（後）
表面

要点●ベルトはゴムを入れた後、中央をステッチで押さえます。

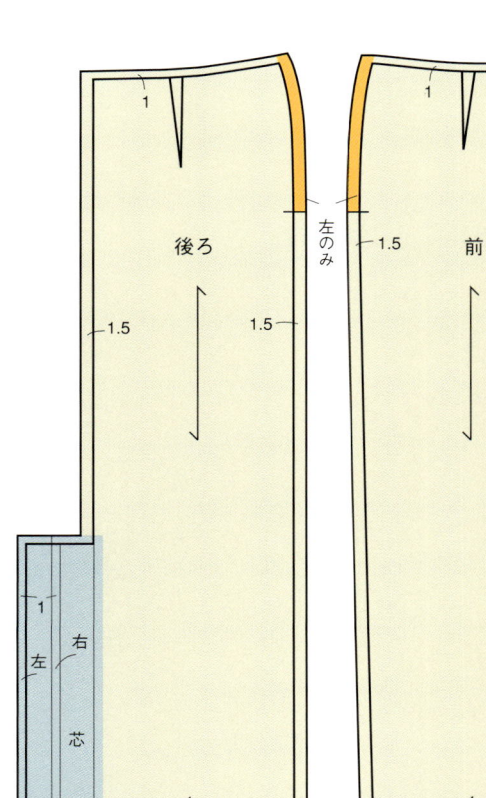

後ろ　左のみ　前

右芯　左

脇縫い目
裏面（前）（後）
折る
折り込まれる部分をカット

ファスナー裏面
まつりつける
表面（後）（前）

同じ布でポシェットを作ります

ポシェットはほんの小さな布で出来ますし、作っておくと大変便利です。止め金もマジックテープで処理してあるので簡単。

●材料●小紋の着物地：40センチ×60センチ　マジックテープ　ひも：160センチ

●作り方●表裏共布にしていますので、型紙に合わせ4枚裁ちます。口部を残して三方をそれぞれ縫い、底部を縫い合わせて裏をひっくり返して表に馴染ませ、マジックテープを二つ丸く切ってつけます。表に返し、口部を折って端ミシンがけし、ひもをかがりつけチャイナボタンをつけて出来上がり。

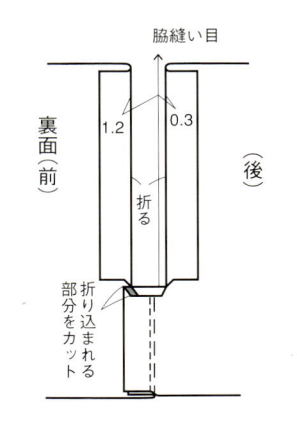

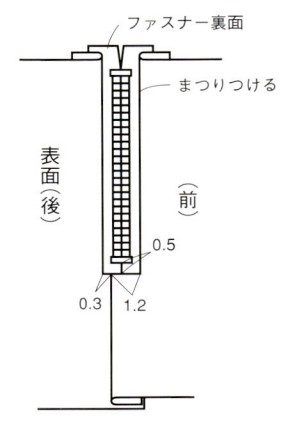

表は紬でシンプルに
裏地とキャミソールに
ハッと驚く意匠が

デザイン見本

結城風の割合ゴツゴツとした紬でジャケットを作りました。裏は女性の着物でリバーシブルになっています。さらに同じ生地でインナーとしてのキャミソールを作り、胸に面白い模様の羽裏をトランプのように切って貼り付けました。胸元にちらちらと見える効果は抜群、外国にでも行ったら注目の的になるでしょう。

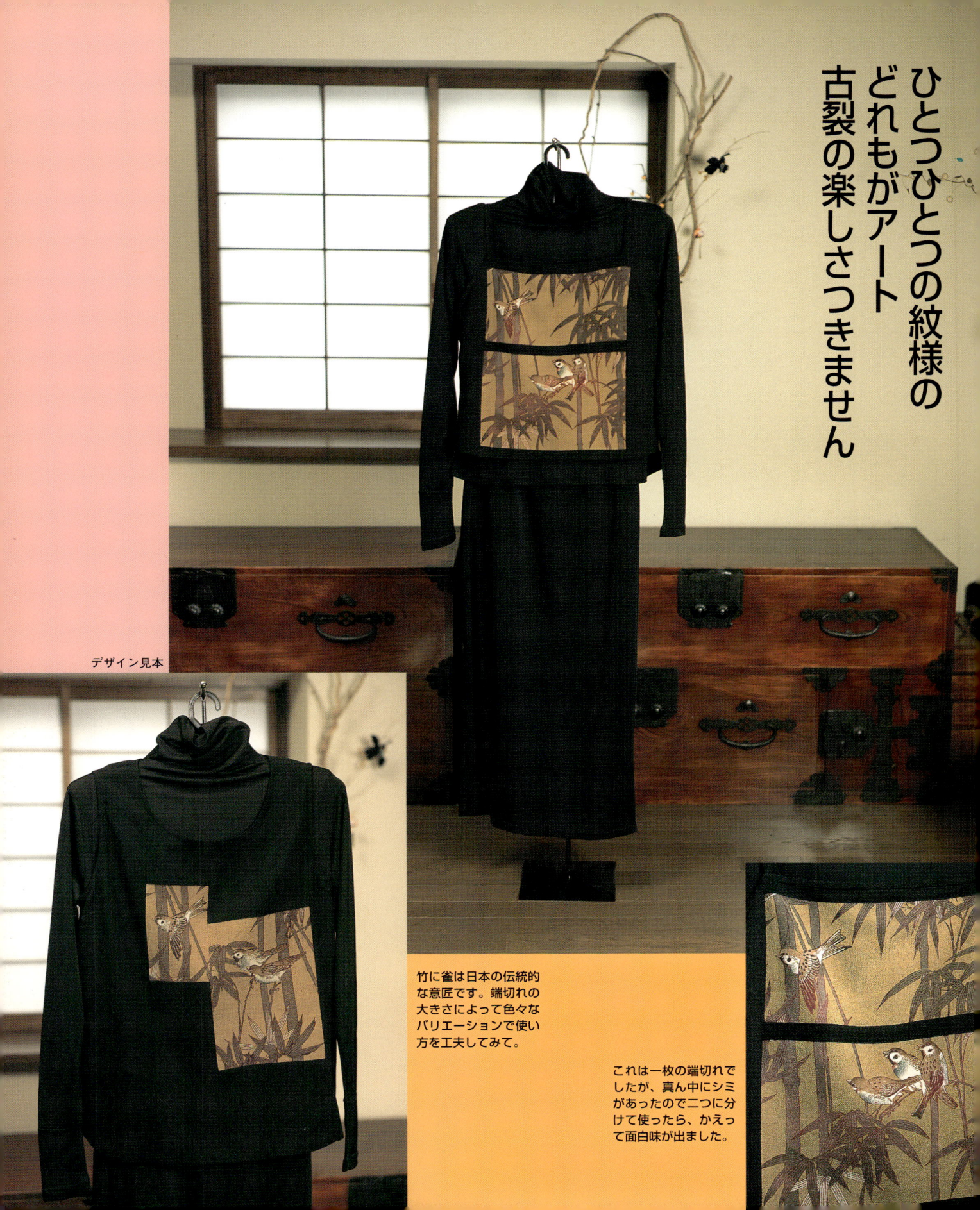

ひとつひとつの紋様の
どれもがアート
古裂の楽しさつきません

デザイン見本

竹に雀は日本の伝統的な意匠です。端切れの大きさによって色々なバリエーションで使い方を工夫してみて。

これは一枚の端切れでしたが、真ん中にシミがあったので二つに分けて使ったら、かえって面白味が出ました。

REFORM
縮緬の布を使ったキャミソール型ベストの作り方

●材料● 表布：縮緬の柄布適宜　縮緬の喪服適宜　伸び止めテープ（衿ぐり、袖ぐり）：幅1センチのものを100.5センチ　接着芯：幅10センチのものを23.5センチ（脇スリット部）　アピコ芯：60×100センチ

◎型紙のサイズは9号～11号を基準にしています。13号に変更する場合は前身頃、後ろ身頃、脇でそれぞれ1センチプラスしてください。合計で4センチプラスになります。

●作り方● ①衿ぐり、袖ぐりに伸び止めテープを、脇スリット部には接着芯を貼ります。縮緬の柄布には前もってアピコ芯を貼っておきます。②胸のダーツを縫います。③肩ひもを作っておきます。④幅3センチぐらいのバイヤステープを接いでおきます。⑤身頃に肩ひもをつけ衿ぐり、袖ぐりにバイヤステープをつけます。⑥中表に合わせ脇をスリット止まりまで縫います。⑦スリットはロックミシンで始末し、裾上げします。

キャミソール型ベストの型紙

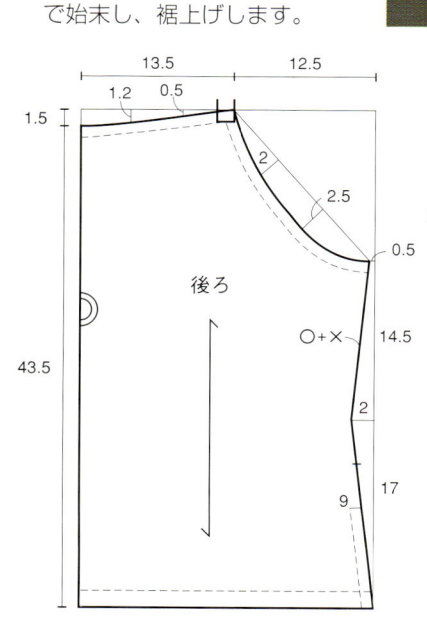

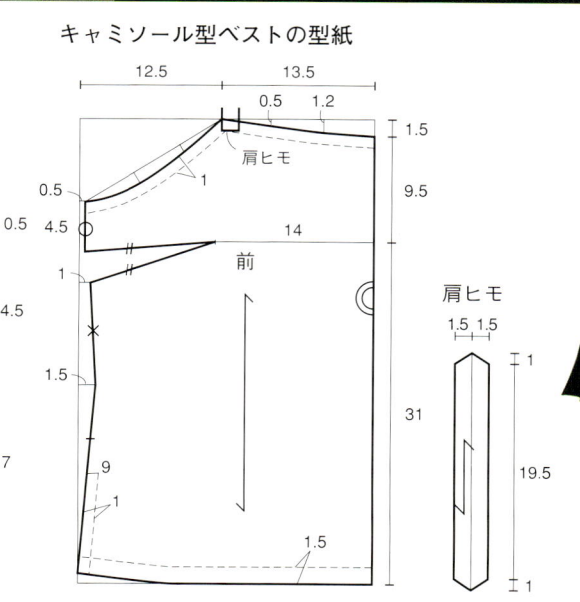

上のキャミソールを裏返したもの。前身頃の縮緬にアピコ芯（接着芯の一種）を貼っています。

REFORM

キャミソール型ベストの作り方

キャミソール型ベストに使えるおもしろい素材

羽織裏や男性襦袢の縮緬は実に模様の宝庫です。江戸時代、奢侈禁止令が出て贅沢を禁じられた庶民は、目に見えない裏に贅を凝らし「裏勝り」といわれました。それが旦那衆の心意気とされたのです。さらに「粋」「通」の観念となり豊かさ、自由さを象徴して、江戸好みとされるようになりました。

象とラクダを描いたもの。なんでも絵柄にしてしまう発想の豊かさに驚かされます。

忠臣蔵、赤穂浪士を描いた模様。源氏物語を始め、物語や史実からとった絵柄はたくさんあります。

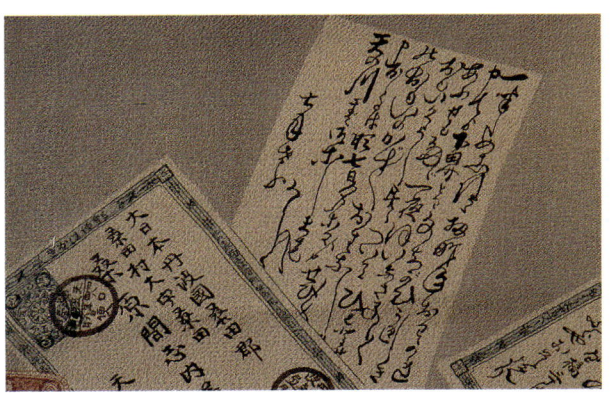

手紙を模様にしたもの。宛先は「クワバラマジナイ」と読め、差出人は天竺の雷の神様と読めます。なんともユーモアたっぷりの模様。

衿ぐり袖ぐり用バイヤス

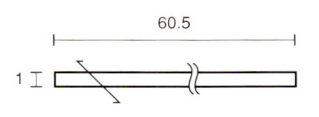

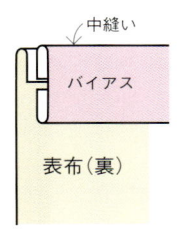

60.5

衿ぐり、袖ぐりの始末は共布バイヤス始末となっています。

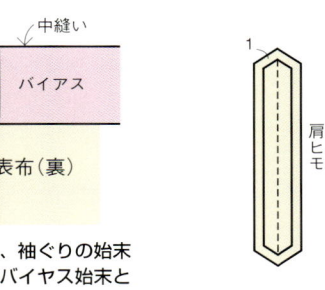

縫い代の型紙

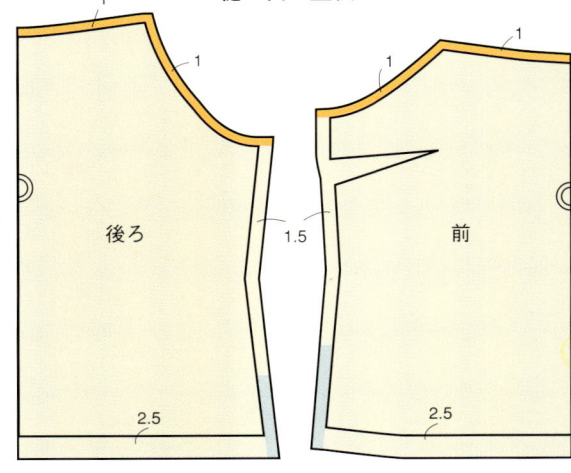

後ろ　1.5　前

※オレンジ色の部分は「伸び止めテープ」を、青い部分は「接着芯」を貼るところです

泥大島を裂いて、織って、気の遠くなるような手仕事のコートは宝物

今の時代も裂き織りは伝統の技法を継いだ織り手によって作られています。しかし織り手も作品ももう少なくなってしまいました。

デザイン見本

裂き織りとは本来は使い古した木綿布を裂き、横糸にして織り込んだ厚手の布のことで、昔の人はそれほど布を大切に扱ったことの証明といえましょう。手仕事の価値の高くなった現代では、それは逆に本当に贅沢なことになりました。このコートは泥大島を裂いているのですから、「超」贅沢。織り手から提供された布を仕立てた逸品です。裏は襦袢の布を使っています。伝統を生かして一級品に仕立て上げた見本といってよいでしょう。

古布の意匠

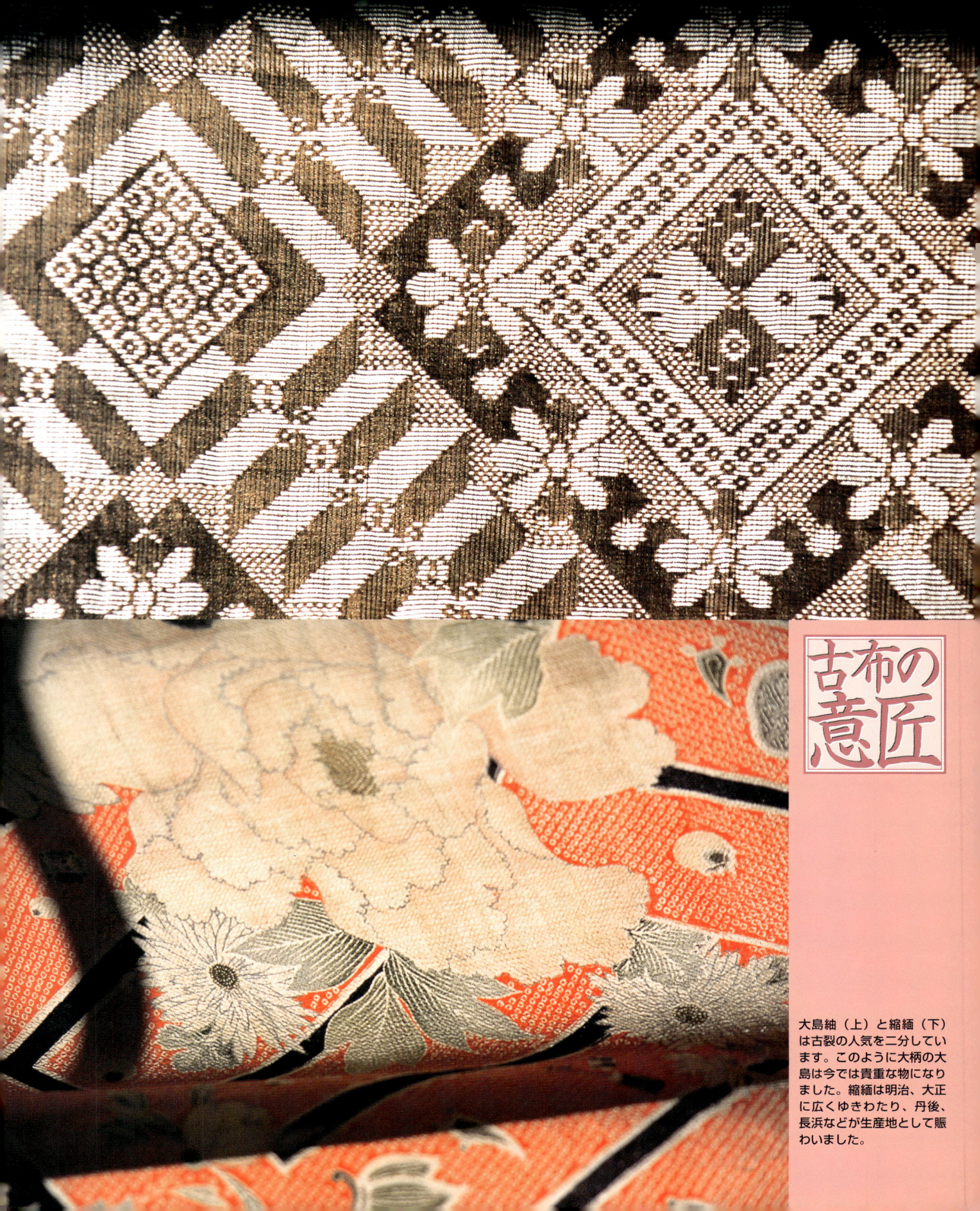

大島紬（上）と縮緬（下）は古裂の人気を二分しています。このように大柄の大島は今では貴重な物になりました。縮緬は明治、大正に広くゆきわたり、丹後、長浜などが生産地として賑わいました。

時代を経てきた色の美しさ、先人の技にため息が出ます

1 ボタンの花模様の縮緬。昭和初期頃でしょうか。
2 縮緬の布3種。大正から昭和にかけてのモダニズムの雰囲気がよく表れた柄ゆきです。

古布の意匠

縮緬の色合い、獅子とライオンの柄、古い布には驚かされます

1 抑えた色合いながら華のある、古きよき時代の風合いを感じさせる縮緬。
2 これは大正時代か昭和の初め頃の布。大胆かつ勢いのある筆致で、描かれた獅子、ライオン。どんな襦袢に使われたのでしょうか。

端切れがいろいろ
売られています
そんな中から
選ぶのも楽しみ

古布の意匠

時代を超えて生きてきた古裂には現代では出し得ない味があります。人は昔から布を愛おしみ、さまざまに作り替えて使ってきました。着物は七回生まれ変わるといわれます。その伝統が今も生きているのです。

REFORM
和のキルトでバッグを作る

ほんの少しの余り切れで出来る自分ブランドのバッグ

丹念な糸と針との作業から生まれる見事な工芸品

布が少ししかないとか、いきなり洋服にするのはちょっと抵抗があるという方には、バッグ制作をおすすめします。少しの端切れがあれば、キルティングしたりパッチワークで接ぎ合わせてとても斬新なバッグを作り上げることが出来ます。持ち手は市販のものを利用していますが、共布で持ち手を作るのも楽しい作業です。また、事前に防水加工しておけば、雨の日でも心配しないで持てます。

6枚の紬を接いでいます。大島の麻の葉模様をモチーフにして紬部分にも同じ模様をキルトしました。持ち手は桜。

左・スラッシュキルトと大島のパッチワークキルトを市松模様にしたもの。右・ミシン接ぎのストリングキルトで作りました。キルト芯に重ねながら接いでいく技法です。

デザイン見本

素材の確かさが輝くから、格調の高さで他にひけをとりません

デザイン見本

上・大正更紗とアジアの布を使った手提げと芭蕉布とぶどうの蔓の篭のポシェット。下右・パッチワークキルト部分のアップ。下左・泥大島と紬とで作ったショルダーバッグ。

上のバッグに使われたような更紗は、室町時代に日本に入ってきました。大正時代に大流行し、日本各地で生産されました。

デザイン見本

左・同じパターンの手提げを上は村山大島で、下は藍大島で作ったもの。素材が違うと印象がずいぶん違います。

多種類の紬を使ったモダンなデザイン。

52ページ上のバッグの別バージョン。素材は紬。

カジュアル、フォーマル、洋服、和服、どんなシーンにも合わせられるマイバッグ

デザイン見本

いろいろな紬を接ぎ合わせて微妙な色調の変化を楽しみます。後ろのバッグの底部は手作りのスラッシュキルトです。

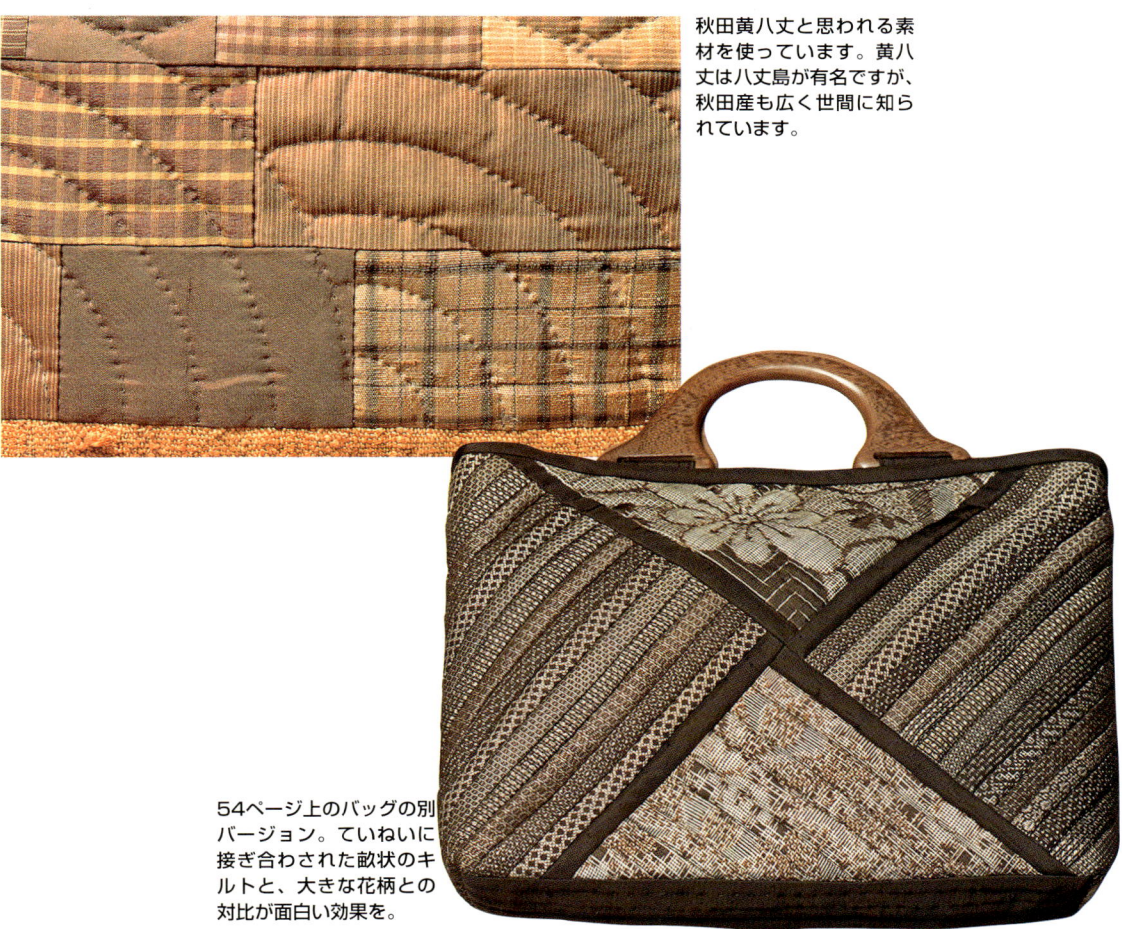

デザイン見本

秋田黄八丈と思われる素材を使っています。黄八丈は八丈島が有名ですが、秋田産も広く世間に知られています。

54ページ上のバッグの別バージョン。ていねいに接ぎ合わされた畝状のキルトと、大きな花柄との対比が面白い効果を。

REFORM
和のキルトでバッグを作る

気軽なお出かけに
いつでも重宝する
舟底型のバッグ

大島の布2種でパッチワークキルトをし、土台には紬を使用。土台布も細かなキルトが施されています。

上のバッグの裏側をひっくり返してみたところ。裏布は男物の羽織地ですが、両方リバーシブルにも使えそう。ポケットがいくつもついていて、携帯用のポケットが別になっているなど、細かな配慮がされています。常時、必携のバッグとなりそう。

REFORM 和のキルトでバッグを作る

大島紬には細かな模様が施されているので、そうした模様を生かしてバッグを作ると、思いがけないユニークなデザインが生まれます。大島の特徴として幾何学的な連続模様が多いので、パッチワークには実に適した布です。着物を持っていなくても今はお店や市で端切れが売られていますので、それらを求めて挑戦してみてください。

デザイン見本

左側と右ダイヤ型にスラッシュキルトを使用しました。スラッシュキルトは布を4枚合わせてキルティングし、一番下の布だけ残して3枚を切り、その後タワシでこすったり洗濯機をかけたりして作ります。なんとも手の込んだ技法です。

作るのも持つのも比較的気軽にできそうなカジュアルなバッグ。

● 材料 ● 表布（土台布無地）：90×40センチ　表布（柄布2種）：50×30センチ　各適宜　裏布：90×45センチ　キルト芯：90×40センチ　捨て布：90×40センチ　持ち手：1組　ファスナー：14センチ1本

● 道具 ● メリケン針 NO9（縫う用）、NO8（キルト用）、NO6（しつけ用）。糸・デュアルデューティ　蠟なし（縫う用）、蠟引き（キルト用）。サンドペーパー（布がずれないように）。接着芯（アピコ芯）チャコペンシル。はさみ。

バッグを作るときの道具と材料 洋裁材料店で売っています

サンドペーパー / 針山 / 糸 / 待ち針 / 指ぬき / キルト芯 / アピコ芯 / チャコ / にぎりばさみ / 捨て布 / チャコペンシル / メリケン針

アピコ芯、キルト芯、サンドペーパーなど揃えます。針と糸については59ページを参照。

布をしっかりさせるため、必ず芯を貼ります

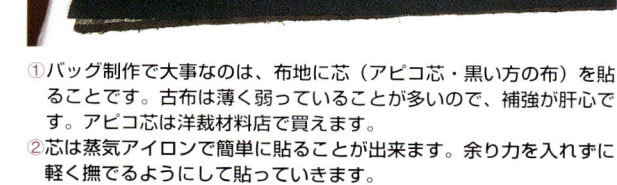

① バッグ制作で大事なのは、布地に芯（アピコ芯・黒い方の布）を貼ることです。古布は薄く弱っていることが多いので、補強が肝心です。アピコ芯は洋裁材料店で買えます。
② 芯は蒸気アイロンで簡単に貼ることが出来ます。余り力を入れずに軽く撫でるようにして貼っていきます。
③ アピコ芯を貼った布を必要なだけはさみで切ります。この芯付きの布が基本と思ってください。パッチワークのピースを取るときも芯付きの布から取っていきます。

パッチワーク用のピースの型紙を作ります

① このバッグは、パッチワークが基本となるので、布のピースをどのように切り取っていくかが大切なポイントとなります。そのための型抜きを作ります。厚紙に長さを指定して定規で線を引きます。
② カッターで中側の線を切っていくり抜きます。
③ 外側の線をはさみで切り取って、四角い枠を作ります。これが四角いピースのための型抜き用の型紙になります。同様にして、三角のピースのための型紙も作っておきます。

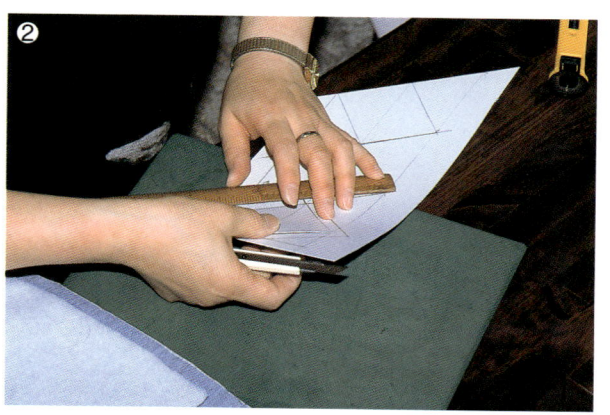

58

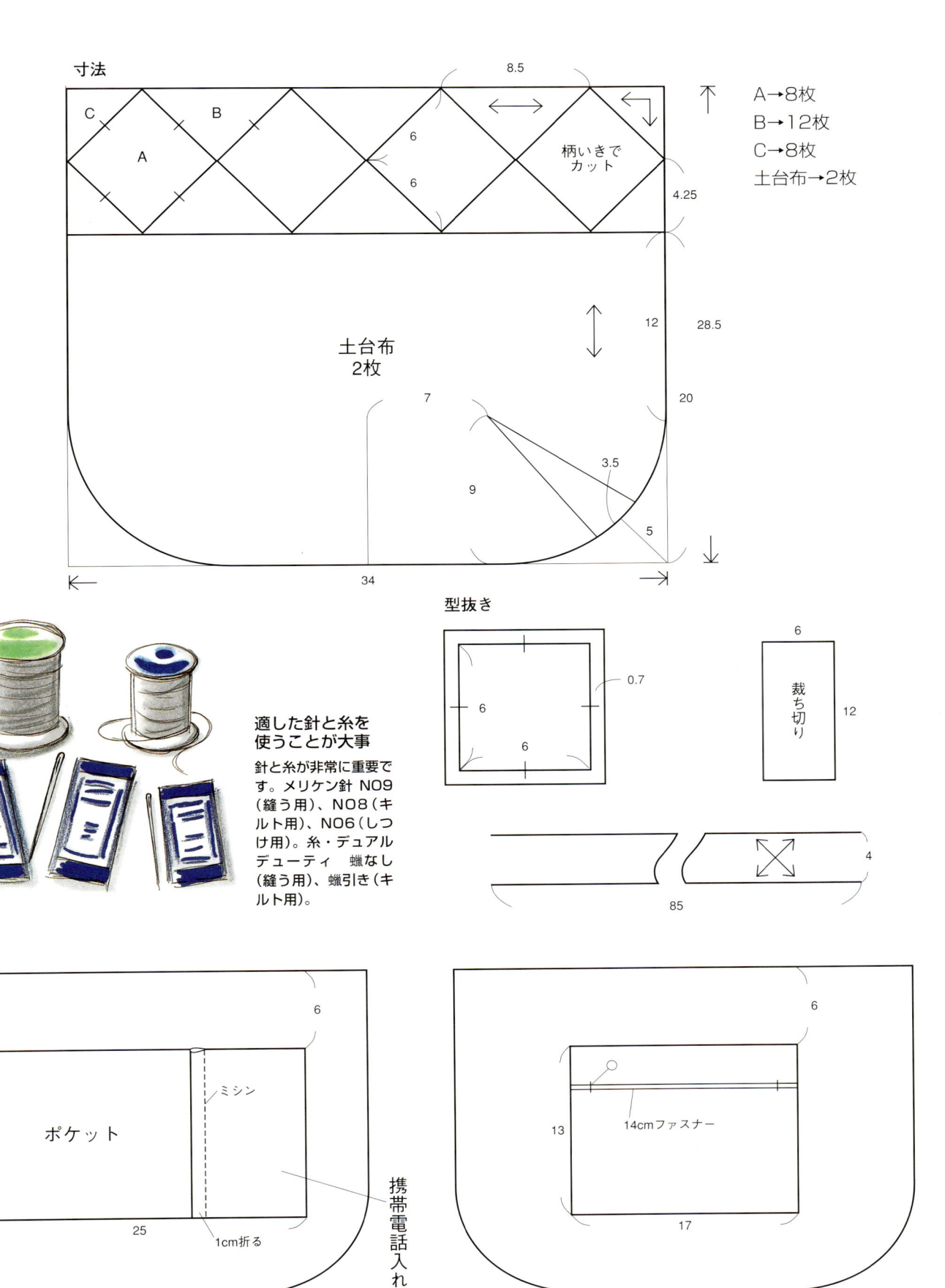

REFORM
和のキルトでバッグを作る

寸法

A→8枚
B→12枚
C→8枚
土台布→2枚

8.5
6
6
4.25
柄いきでカット
12
28.5
20
土台布 2枚
7
3.5
9
5
34

型抜き

6
0.7
6
6
裁ち切り
12

85
4

裏布

6
13
ポケット
ミシン
25
1cm折る
携帯電話入れ

6
13
14cmファスナー
17

適した針と糸を使うことが大事

針と糸が非常に重要です。メリケン針 NO9（縫う用）、NO8（キルト用）、NO6（しつけ用）。糸・デュアルデューティ 蠟なし（縫う用）、蠟引き（キルト用）。

四角いピースを作る

❶
アピコ芯を貼った布をサンドペーパーの上に置きます。

❷
型抜きを布の上に置いてどの模様を切り取るかを決めます。

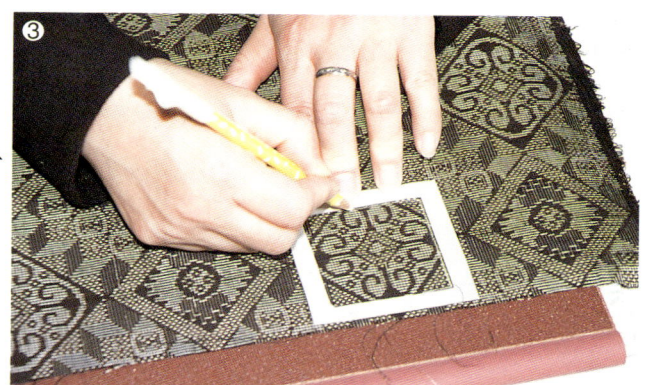

❸
模様が決まったらチャコペンシルで線を引きます。

❹
四角いピース（A片）を8枚作ります。同じ柄でも違う柄でも良い。

❺
縫い代分0.7センチを取ってピースを切り抜きます。

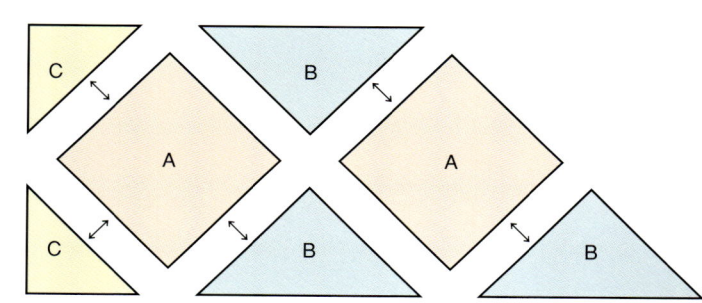

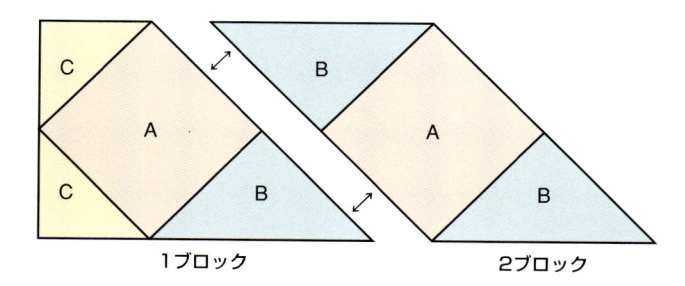

1ブロック　　2ブロック

このようにして4ブロックまで作ります。

ピースブロックの出来上がり。

60

三角のピースを作る

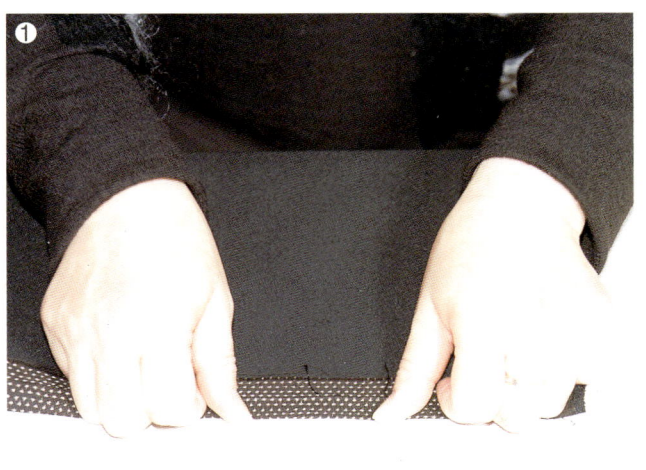

REFORM 和のキルトでバッグを作る

❶ 布目を合わせるために指でしごいて折り目をつけます。

❷ 折り目の上にチャコペンシルで線を引きます。この線が三角ピースの1片の基準になります。

❸ 芯地の方から三角の枠取りをします。縫い代分0.7センチを忘れずに。

❹ 数の分だけ繰り返します。B片12枚、C片8枚。

❺ 縫い代を取って模様を切り取ります。

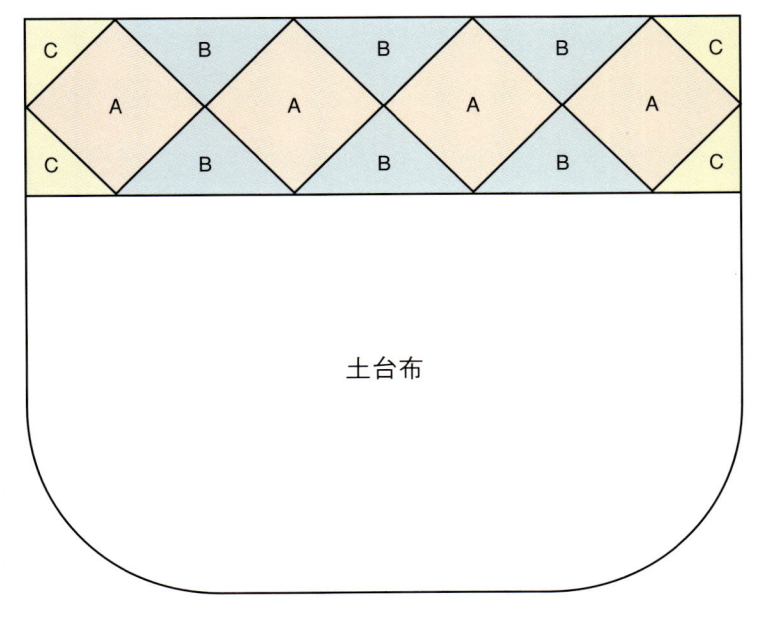

C	B	B	B	C
	A	A	A	A	
C	B	B	B	C

土台布

パッチワーク部分を縫う

❶ 主役の布A片と脇役の布B、C片とを並べ、良ければ縫いはじめます。

❷ 中表に合わせ印に待ち針を打ち、最初の一針目は返し縫いをします。

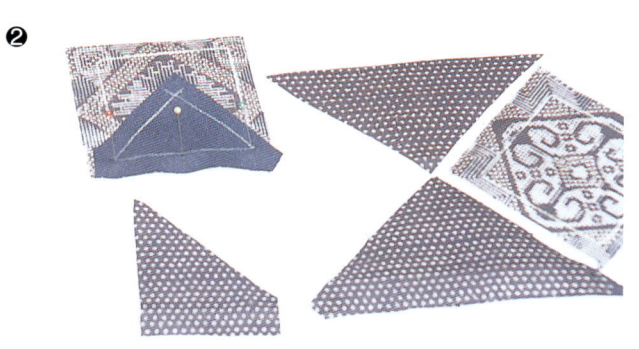

❸ 出来上がり線上に沿ってぐし縫いで進め、最後はまた返し縫いで止めます。

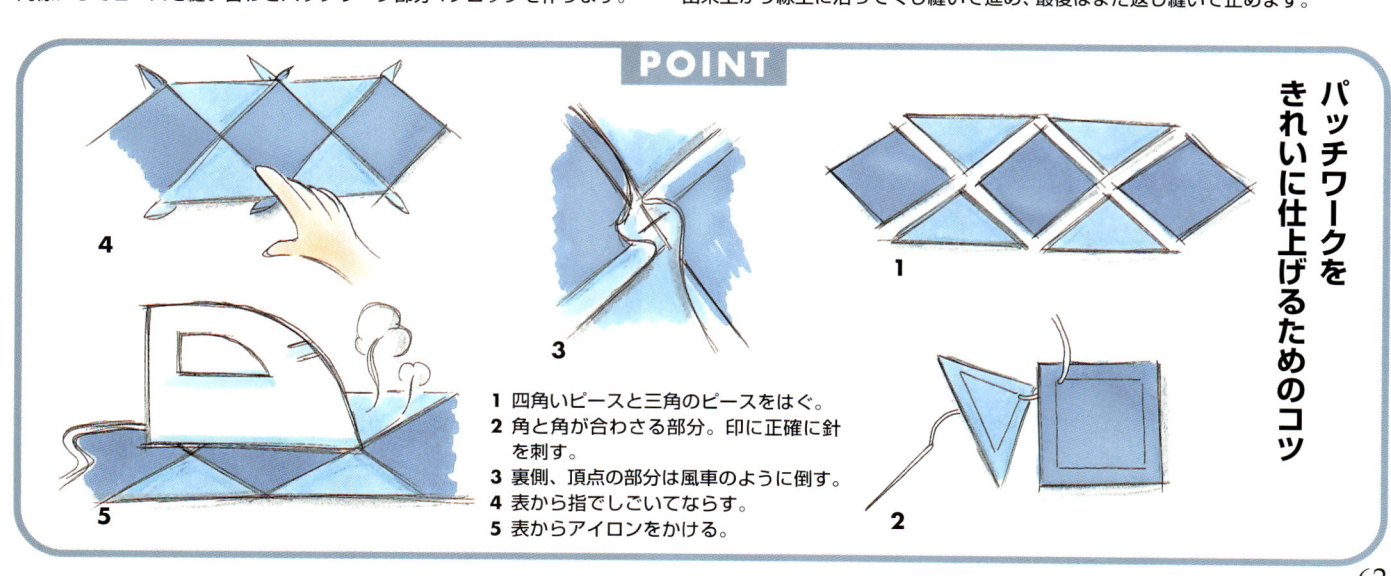

❹ 縫い代を必ず0.5センチにカットし、きせがかからぬよう指でしごきます。

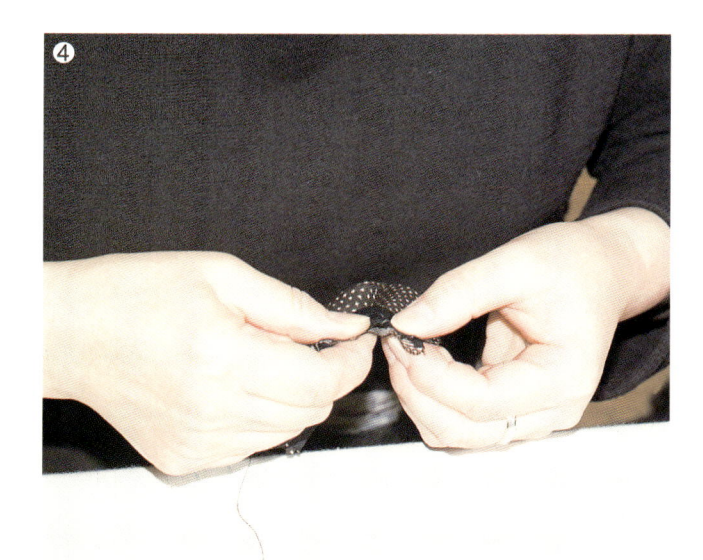

❺ 同様にしてピースを縫い合わせパッチワーク部分4ブロックを作ります。

POINT パッチワークをきれいに仕上げるためのコツ

1 四角いピースと三角のピースをはぐ。
2 角と角が合わさる部分。印に正確に針を刺す。
3 裏側、頂点の部分は風車のように倒す。
4 表から指でしごいてならす。
5 表からアイロンをかける。

REFORM 和のキルトでバッグを作る

ピースブロックと土台布を合わせてトップを作る

❶ つなぎ合わせたブロックと土台布を中表に合わせ待ち針を打って縫います。縫い始めと終わりは返し縫い、縫い代は0.5センチにカット、土台布へ倒します。

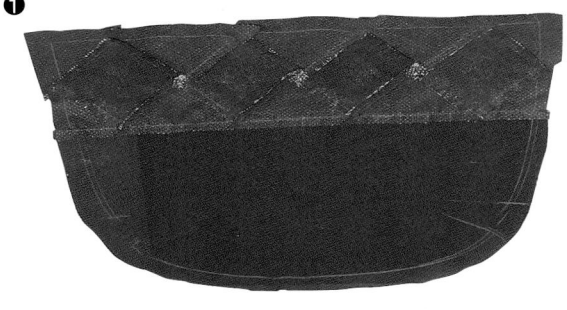

❷ 指先で縫い代を押さえてアイロンがけし、トップ裏表2枚を作ります。

❸ トップにチャコペンシルでキルトラインを描き、捨て布、キルト芯、トップの順に重ねて軽く待ち針を打ちます。

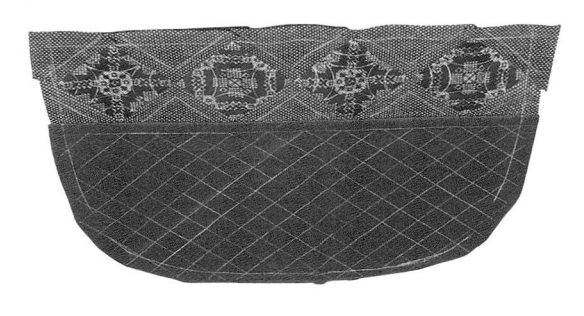

❹ ピース部分のキルティングは扇形の型紙を作り線を引くと便利。

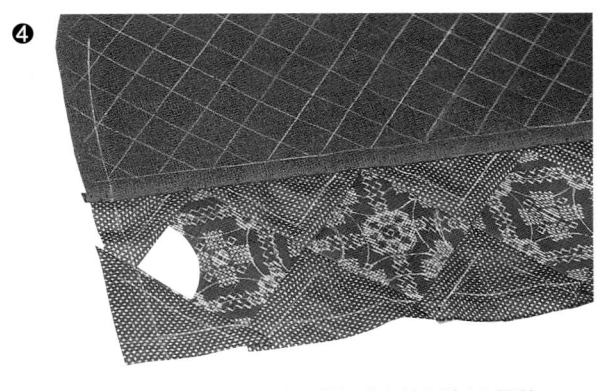

土台布のキルティング

図2

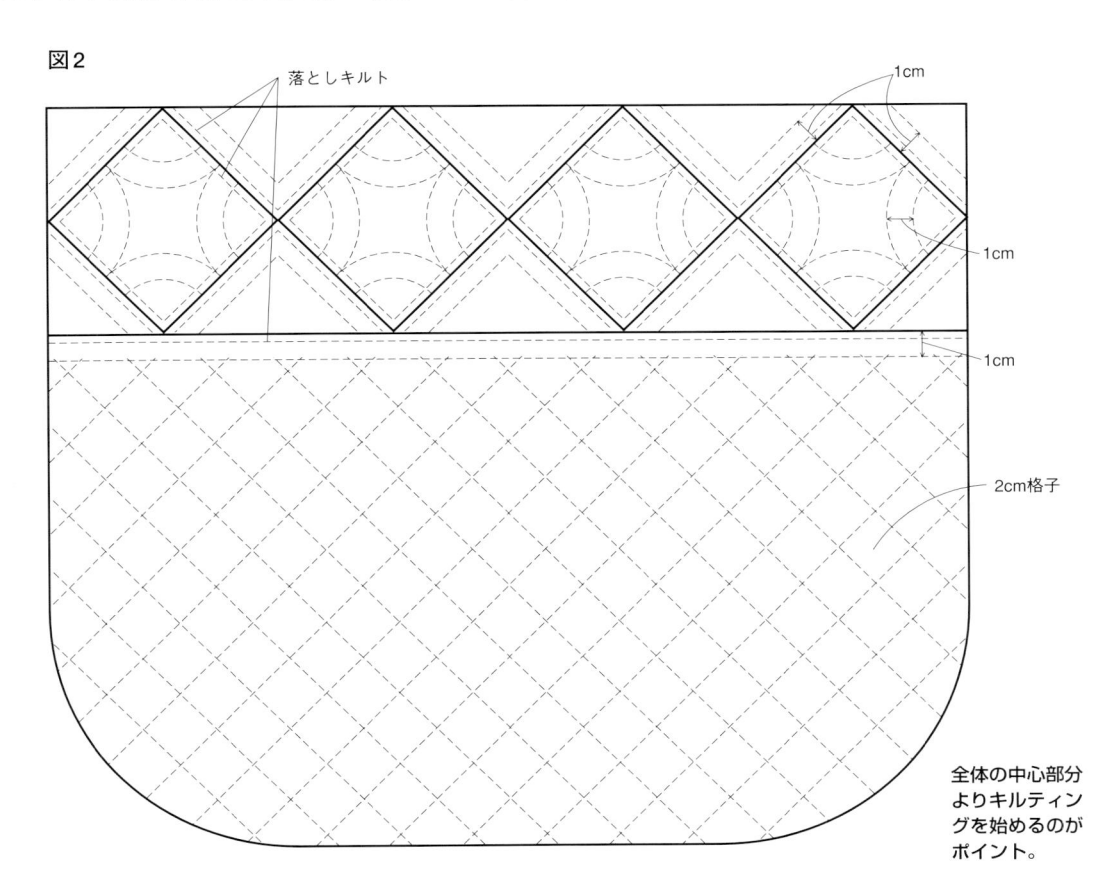

落としキルト / 1cm / 1cm / 2cm格子

全体の中心部分よりキルティングを始めるのがポイント。

表側を縫い合わせる

❶ 躾糸で全体の中心から外側へ上下左右斜めに躾を掛けます。キルティングの順序は縫い目の際に落としキルトをしてからラインに沿って行います。

❷ ダーツ4本を縫い、本体を中表に合わせ待ち針で止めミシンをかけます。写真は一方の脇を縫って表に返してみたところ。

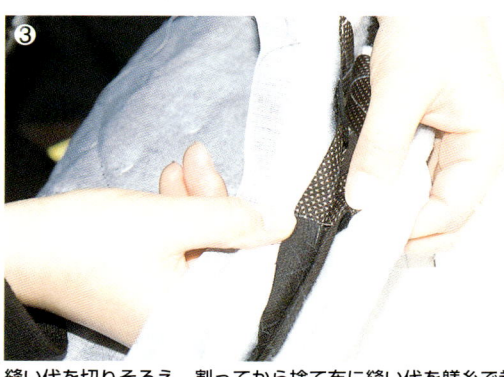

❸ 縫い代を切りそろえ、割ってから捨て布に縫い代を躾糸で巻きかがりします。

❹ 本体を中表に縫い合わせたところ。

⑤ 本体の口にバイヤステープを中表に合わせてミシンをかけます。
⑥ 縫い代が重ならないために、脇縫い目より2〜3センチずらしてバイヤステープの端1センチを折り曲げて待ち針で止め、ミシンをかけます。注：バイヤステープを少しのばし気味につけるときれいに仕上がります。
⑦ バイヤステープを裏側に折り返し、待ち針で止め、縫い目の際を星止めします。
⑧ 木製の持ち手にループを通し、本体の口部分の中心より均等にしてつけます。共布の持ち手にしてもよいでしょう。

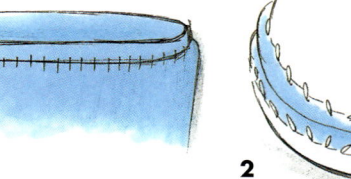

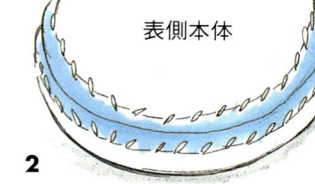

裏をつけて全体を仕上げる

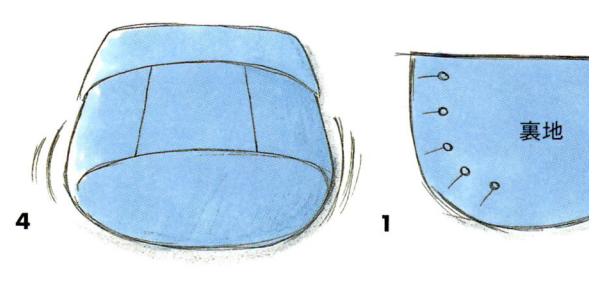

1 裏地にポケットをつけ、ダーツを縫い、中表に合わせて縫い袋にする。
2 表側本体を裏返したところ。この時持ち手をつける。
3 表側本体の底部分と裏布の底部分を中とじする（躾糸でよい）。
4 裏布をひっくり返して表側本体を覆い、裏布と表側本体をなじませる。
5 裏布の口部分を折り、本体の口に星止めした糸の上に合わせて、立てまつりする。

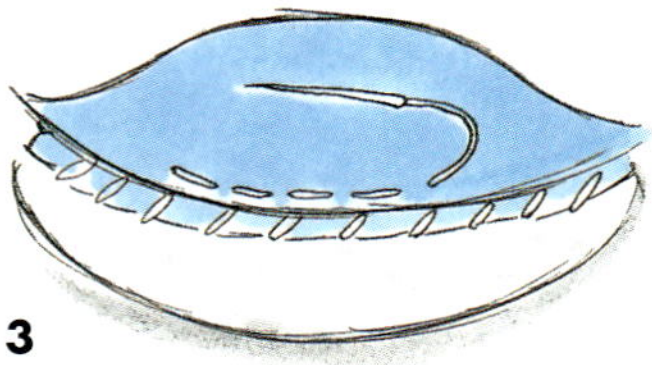

64

REFORM 和のキルトでバッグを作る

持ち手は既製品を利用してもよし、共布で作ってもよし、お好みで

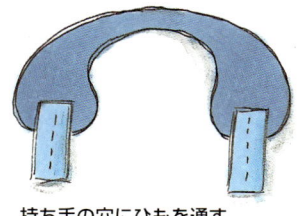

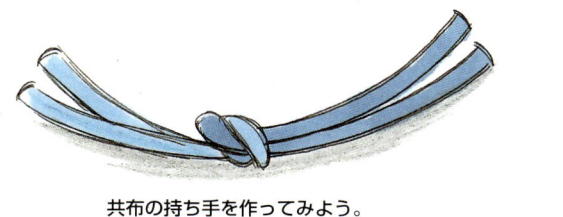

共布の持ち手を作ってみよう。

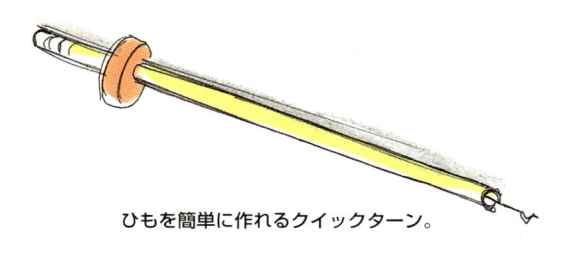

ひもを簡単に作れるクイックターン。

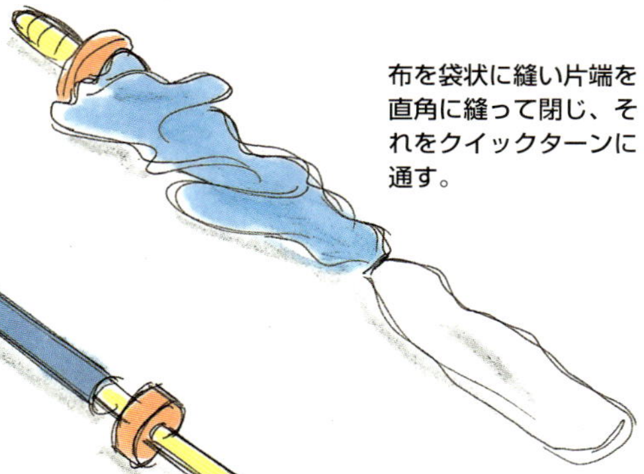

布を袋状に縫い片端を直角に縫って閉じ、それをクイックターンに通す。

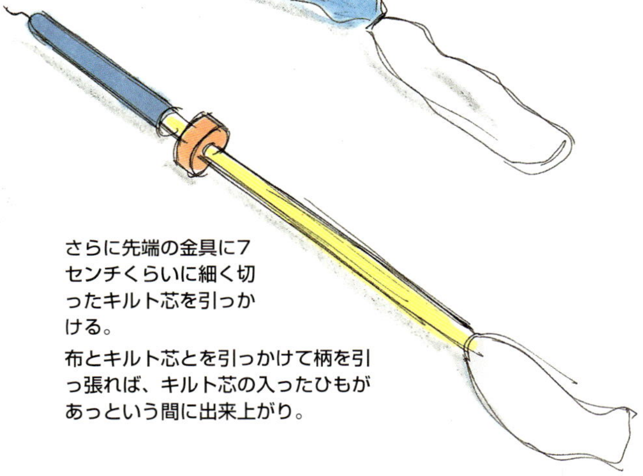

さらに先端の金具に7センチくらいに細く切ったキルト芯を引っかける。
布とキルト芯とを引っかけて柄を引っ張れば、キルト芯の入ったひもがあっという間に出来上がり。

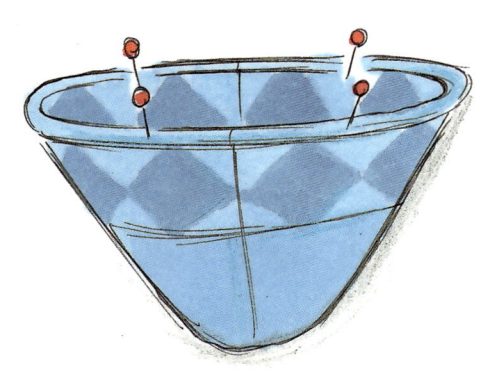

持ち手の穴にひもを通す。

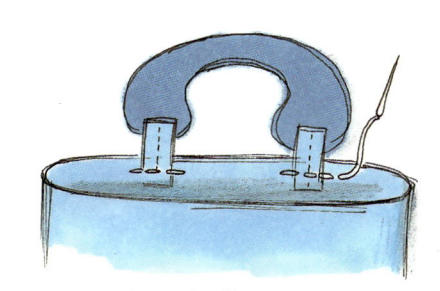

ひもを口の裏に縫いつける。

裏布をかぶせて立てまつりする。

持ち手をつける位置は、両端の脇目を合わせてつまんだところが中心になる。

共布で持ち手を作ったバッグの出来上がり。

REFORM
和のキルトでバッグを作る

斜めにファスナーを付けて、アシンメトリーの面白さを出したお洒落なショルダーバッグ

小さな台形のパッチワークを繰り返して模様にしています。複雑で難しそうですが、たんねんに接ぎ合わせていけば出来ます。

裏をひっくり返したところ。羽織の裏の生地を使っています。見えない所にこんなにお洒落で、誰かに自慢したくなりそう。

●材料● 表布（土台布無地）：90×50センチ　表布（柄布2種）：各適宜　裏地：90×30センチ　キルト芯：50×30センチ　捨て布：50×30センチ　ファスナー：16センチ1本、18センチ1本

一体どうなっているの？と思わせる模様ですが、台形のピースを組み合わせることで生まれた模様です。持ち手はクイックターンという道具を使って作っています。

後ろ側。携帯電話用のポケットがついています。パッチワーク部分以外はキルトが施されて手の込んだ趣となっています。

66

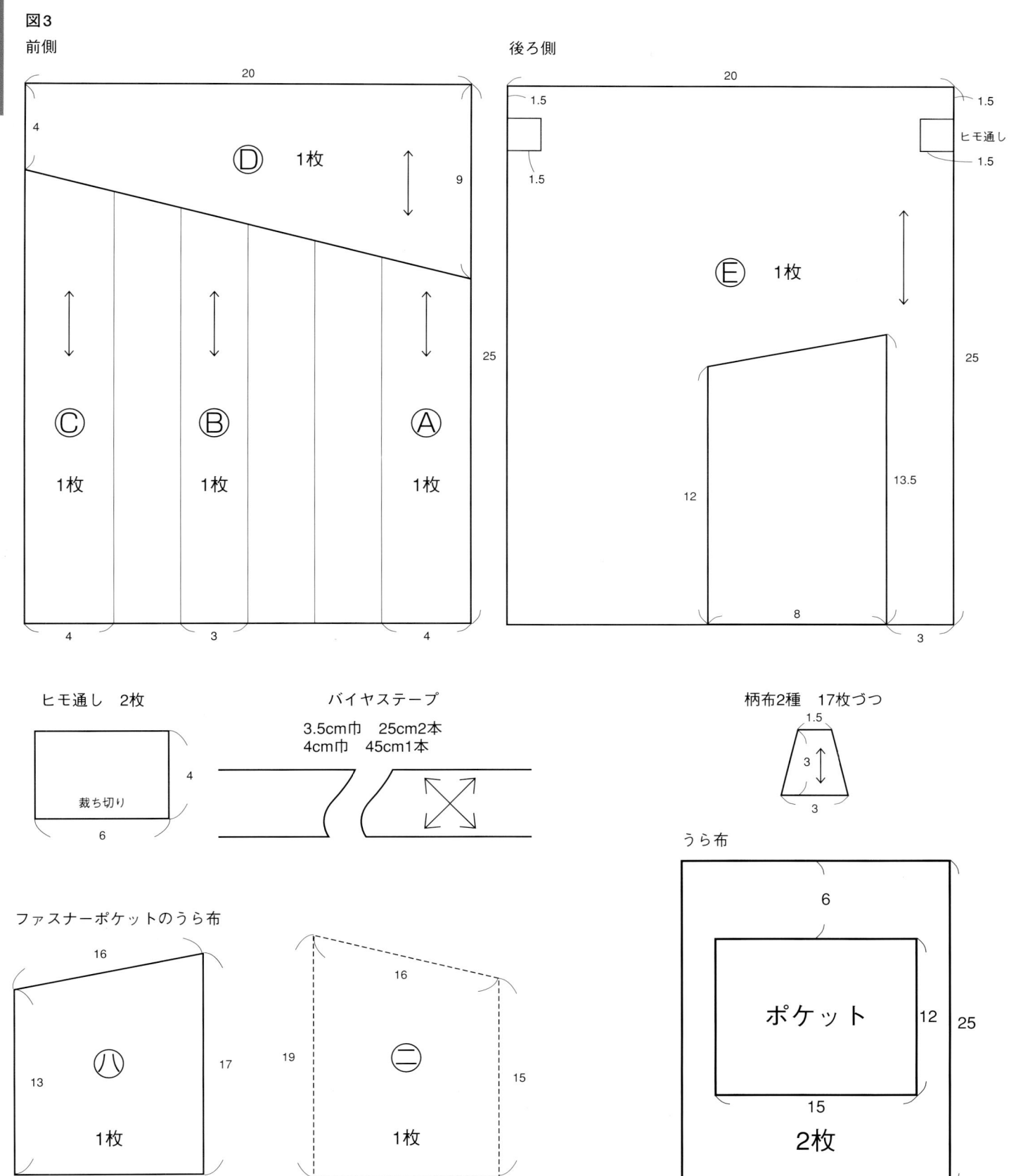

REFORM 和のキルトでバッグを作る

図3
前側

20
4
Ⓓ 1枚
9
↕
↑ ↑ ↑
Ⓒ 1枚　Ⓑ 1枚　Ⓐ 1枚
25
4　3　4

後ろ側

20
1.5　1.5
ヒモ通し
1.5　1.5
Ⓔ 1枚
↕
25
12　13.5
8　3

ヒモ通し 2枚
裁ち切り
4
6

バイヤステープ
3.5cm巾　25cm2本
4cm巾　45cm1本

柄布2種　17枚づつ
1.5
3 ↕
3

ファスナーポケットのうら布
16
㈧ 1枚
13　17

16
㈡ 1枚
19　15

うら布
6
ポケット
12　25
15
20
2枚

67

ピースブロックを作り、土台布と縫い合わせてトップを作る

① 各ピース、イ、ロと土台布 Ⓐ Ⓑ Ⓒ Ⓓ Ⓔ を0.7センチ～1.5センチの縫い代をつけて裁つ。
② ピース、イ、ロを中表に合わせ、印と印に待ち針を打ちます。糸端に玉結びを作り、印より針を入れ、一針返し縫いをします。
③ 出来上がり線に沿って、印までぐし縫いをし、最後はまた一針返し縫いをします。縫い代は0.5センチにカット。
④ イ、ロを交互に9枚縫い合わせたものを2列Ⓐと10枚を1列Ⓑと6枚1列Ⓒのブロックを作ります。

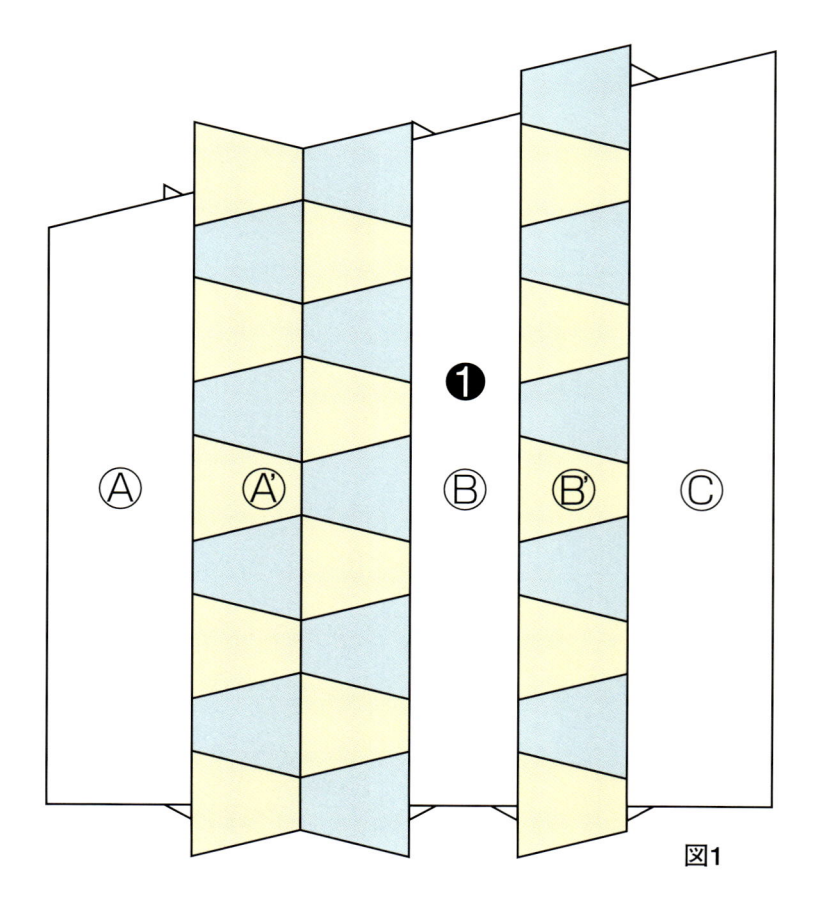

① 9枚2列Ⓐを中表に合わせて待ち針を打ちます。印から一度返し縫いをしてぐし縫いします。交差部分は縫い代を浮かし、角になる部分に一針返し縫いをします。縫い代は0.5センチにカット。
② 指先で縫い代を軽く抑えながら風車のように一方向に倒し、アイロンがけします。この時きせがかからぬように注意します。
③ 10枚1列Ⓑと6枚1列Ⓒの縫い代は一方向に倒しアイロンがけ。
④ 土台布ⒶⒷⒸと縫い合わせたⒶⒷのブロックを交互に並べ、ⒶとⒶを中表に合わせ待ち針で止めてぐし縫いします。縫い代は0.5センチにカットし、Ⓐの方へ片返しします。
⑤ 残りも同様にして縫い合わせ、縫い代はⒷⒸに片返し、トップの出来上がり。これを❶とします。（図1）
注：❶とⒹの斜め口の部分は裁ち切りにします。

図1

REFORM 和のキルトでバッグを作る

トップのキルティング

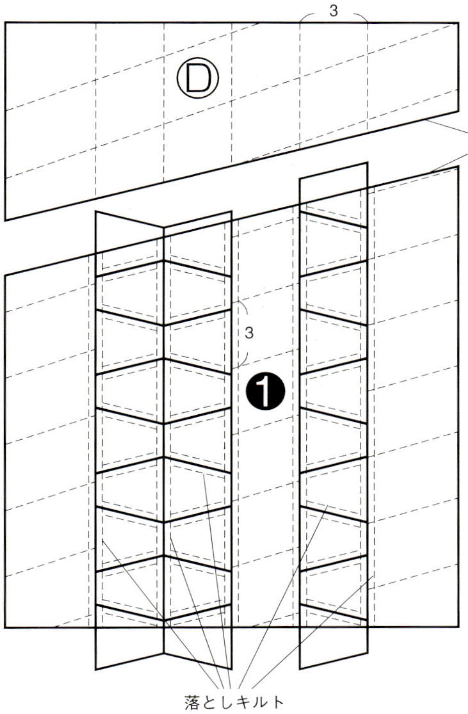

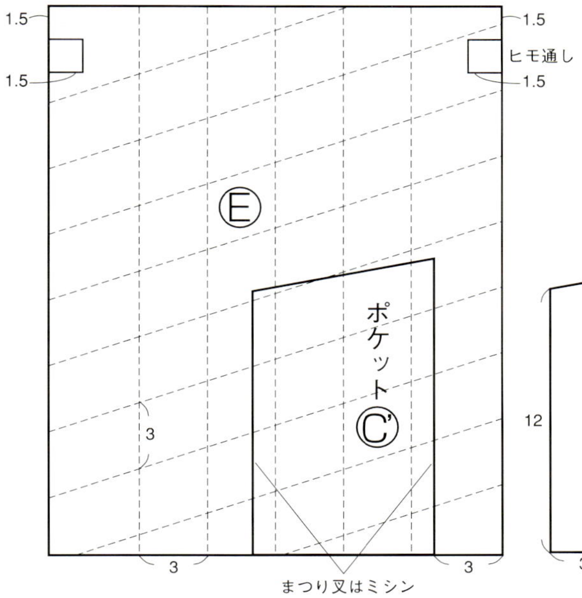

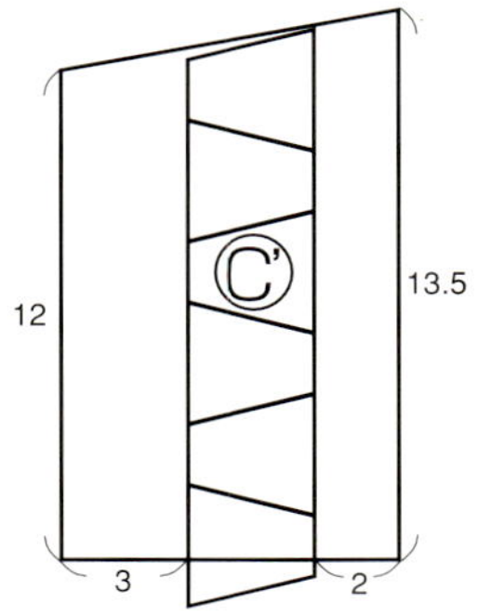

① ❶と Ⓓ Ⓔ にチャコペンシルでキルトラインを描きます。
② 捨て布、キルト芯、トップの順に重ねて軽く待ち針を打ちます。
③ 躾糸で中心から外側へ上下左右斜めに躾をかけます。
④ キルトの順序は、全体の中心より縫い目のきわを落としキルトしてから、キルティングラインに沿ってキルティングします。
⑤ Ⓓ Ⓔ も同様にキルティングします。

全体を仕上げる 1

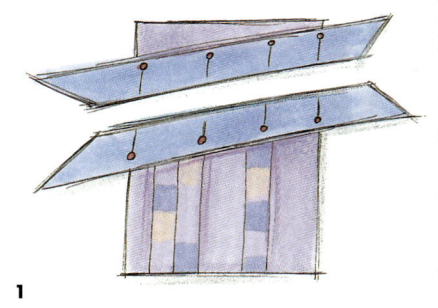

1 ❶と Ⓓ にバイヤステープを中表合わせ、待ち針で止めミシンをかける。

2 テープを裏側に折り返して待ち針で止めて、躾糸をかける。

3 ❶にファスナーとハの裏ポケットを待ち針で止めて、同時に玉縁の縫い目のきわに星止めする。Ⓓも反対側のファスナーに二の裏ポケットをつけて、同様に星止めする。

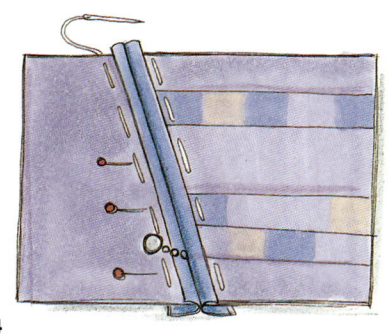

4 ファスナー止まりより脇に向かって玉縁を渡しまつりする。

5 ポケットを中表に合わせて、ミシンをかける。その際、縫い代を切り揃える。

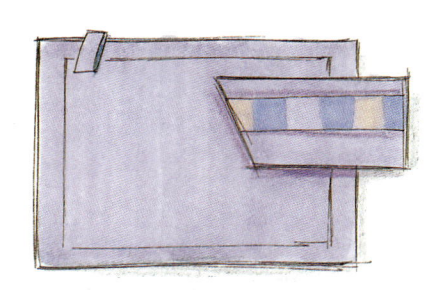

6 前側と後ろ側の表に型紙を当てて、本縫い線を書き直す。Ⓔの表側にⒸのポケットを付ける。

全体を仕上げる2

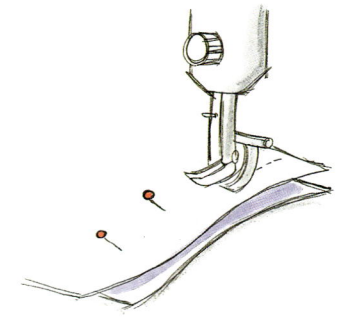

7
前側と後ろ側を中表に合わせて、待ち針で止め、ミシンをかける。

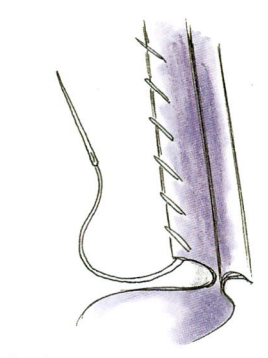

8
縫い代を切り揃え割ってから、捨て布に縫い代を躾糸で巻きかがりする。

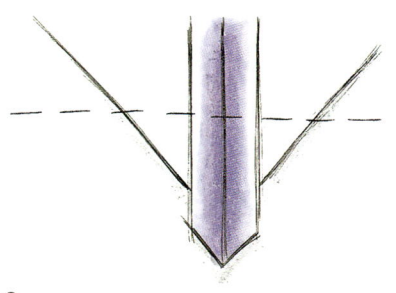

9
底に三角マチを縫って、縫い代は脇縫い代にかがる。（マチ巾3cm）

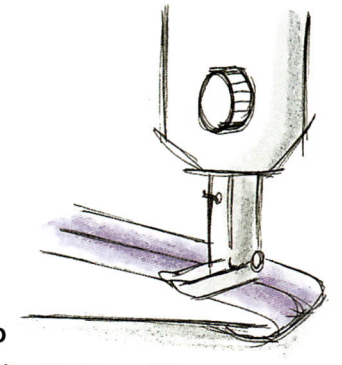

10
三角マチをミシンで縫う。

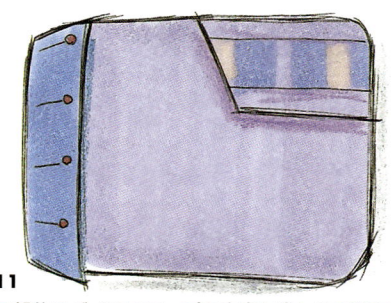

11
口部分にバイヤステープを中表に合わせて待ち針で止めて、ミシンをかける。注：最初のバイヤステープ1センチの折り目が見えないように後ろ側からつける。

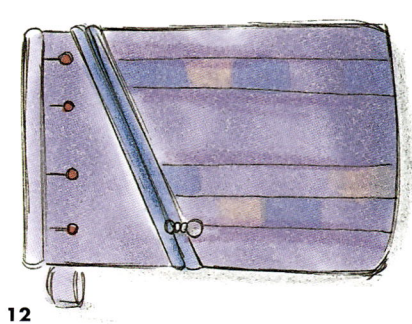

12
テープを裏側に折り返し、待ち針で止めて、躾をかける。

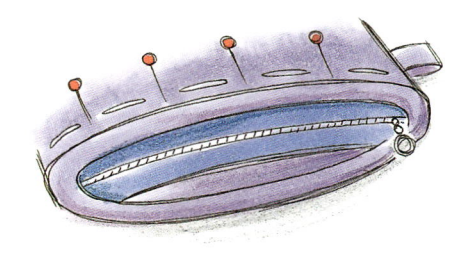

13
ファスナーを待ち針で止めて、玉縁の縫い目のきわを星止めする。

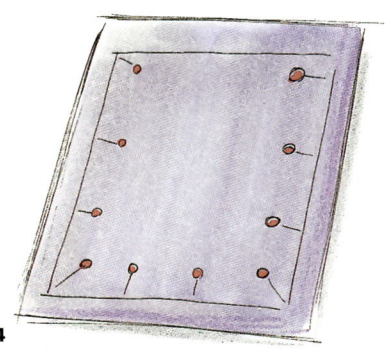

14
裏布は、ポケットをつけ、中表に合わせて縫って袋にする。

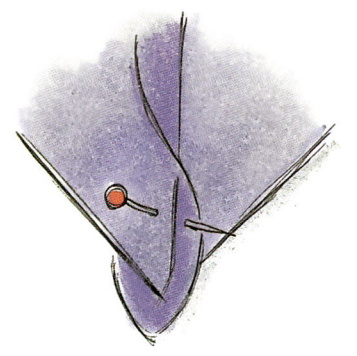

15
底に三角マチを縫って、表側の三角マチと裏布の三角マチを中とじする。

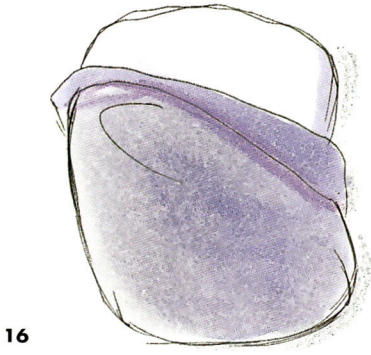

16
裏布を表側に馴染ませる。

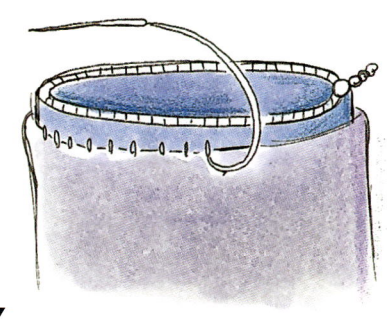

17
裏布の口部分を折って、星止めした糸の上に合わせて立てまつりする。

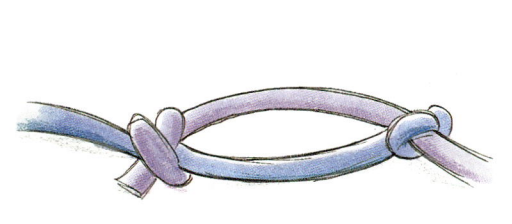

18
共布で肩ヒモをつけて出来上がり。（肩ヒモはクイックターンT4サイズを使用）

70

REFORM
三点セットのバッグ

一泊旅行にも便利な
ボストン、ショルダー、セカンドの
三つのバッグを作りましょう

楽しい旅行に出かけるとき、案外困るのがバッグ。いっそ外国旅行なら決まり切ったスーツケースを用意すればいいのだけど、友人や夫婦での一泊旅行なんかでは、しゃれたバッグが欲しいところ。そんなときピッタリなのが、これです。旅先でちょっと出るときに便利なセカンドバッグもついて、もちろん携帯電話用ポケットもありいたれりつくせり。

ボストンバッグ（後）　　ボストンバッグ（前）

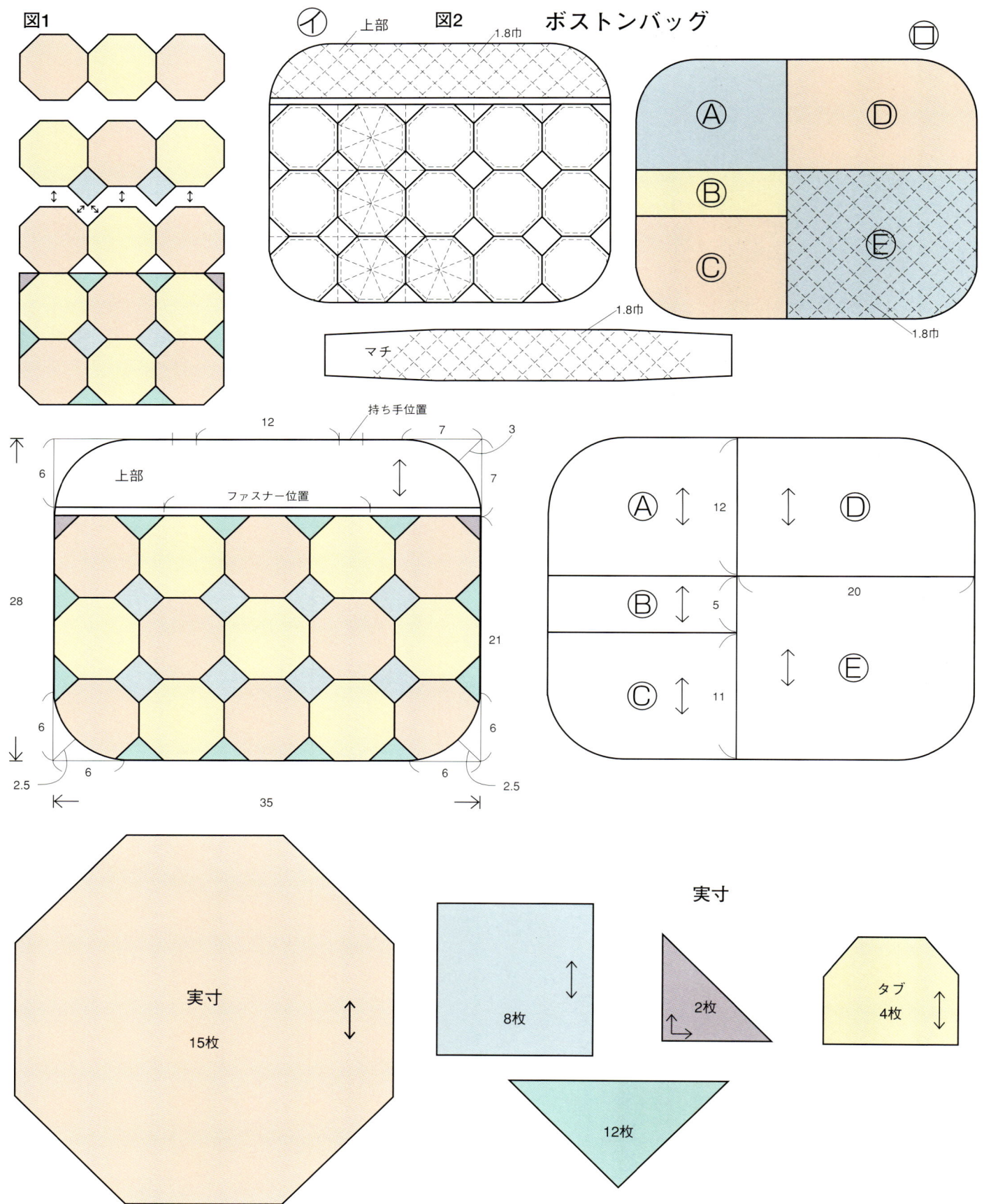

図1

図2 ボストンバッグ

イ 上部 1.8巾

ロ
Ⓐ Ⓓ
Ⓑ
Ⓒ Ⓔ
1.8巾

マチ 1.8巾

持ち手位置
12　7　3
6
上部
ファスナー位置
28
21
6　6
2.5　6　　　　　　　6　2.5
35

Ⓐ ↕ 12　↕ Ⓓ
Ⓑ ↕ 5　　20
Ⓒ ↕ 11　↕ Ⓔ

実寸
15枚

8枚

実寸
2枚

タブ
4枚

12枚

REFORM 和のキルトでバッグを作る

ファスナー付け（口布両開き）

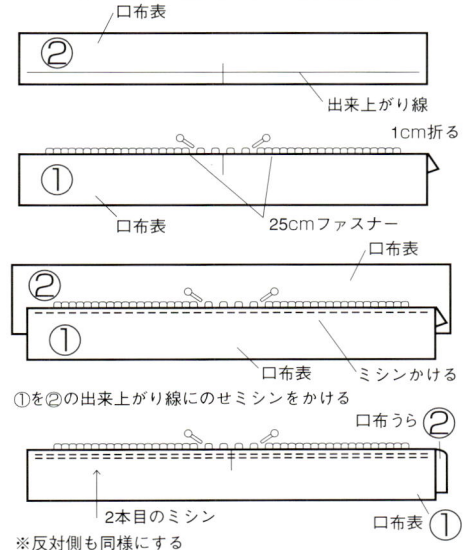

口布表
② 出来上がり線
1cm折る

口布表
25cmファスナー

② 口布表
① 口布表
ミシンかける
①を②の出来上がり線にのせミシンをかける

口布うら ②
2本目のミシン
口布表 ①
※反対側も同様にする

2cm
10cmまつる

持ち手
表布を中表に合わせ、キルト芯と一緒に両サイドをミシン掛けします。
キルト芯のみ縫い代をミシン目のきわから裁ち落とします。
表に返し0.5ミリステッチをかけます。
二つ折りにして、10センチぐらい渡しまつりします。

●材料●
表布：大島紬（適宜）110×60センチ　裏布：110×60センチ　キルト芯：90×100センチ　捨て布：90×100センチ　接着芯（適宜）ファスナー：20センチ2本　25センチ2本　底鋲：4ヶ　Dかん：1ヶ

① 表布に接着芯を張ります。
② イ、各ピースに0.7センチの縫い代をつけてカットします。ピースを順番に並べて縫い合わせます。縫い代は0.5センチにカットします。（図1）
③ 縫い代を風車のように一方向に倒してアイロン掛けします。
④ ロ、Ⓐ Ⓑ Ⓒ を縫い合わせたブロックと、Ⓓ Ⓔ を縫い合わせたブロックを中表に縫い合わせます。縫い代は0.5センチにカットして、アイロンがけします。
⑤ 前側と後ろ側、マチ布にキルトラインを書きます。
⑥ 捨て布、キルト芯にトップの順に重ねて、待ち針を打ちます。中心より外側へ上下、左右、ななめに躾を掛けます。
⑦ イの八角形部分に落としキルトしてからキルティングをします。（図2）

⑧ イの上部と口、マチ部分は1.8センチ幅のキルティングをします。
⑨ イのポケット口にバイヤステープでパイピングを始末します。
⑩ ファスナーの務歯が隠れるようにポケット部分を当てて、待ち針を打って、ポケット裏布と一緒にテープの縫い目に星止めで始末します。ポケット布を袋に仕上げます。
⑪ 口布にファスナーを両開きのようにつけます。口布にタブを躾糸で止めて、マチと縫い合わせて輪にします。
⑫ 本体に持ち手を躾糸で止めて、本体とマチを中表に合わせてミシン掛けします。
⑬ 縫い代を切り揃えて、本体の捨て布に巻きかがりします。
⑭ 裏布を裁断して、ポケットを付けて、袋に仕立てます。
⑮ 裏布のマチ縫い代と、表側のマチ縫い代を中とじします。
⑯ 本体と裏布を馴染ませて、口布部分を立てまつりします。
⑰ ファスナーのスライダーをペンチで外して、布のスライダーを通して出来上がりです。

マチ
キルティングが出来上がったら、マチ全体の捨て布部分にアピコ芯を貼り、さらにマチ中心より両脇へ20センチずつ接着芯を貼ります。底鋲を4ヶ所つけます。

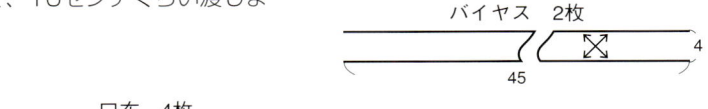

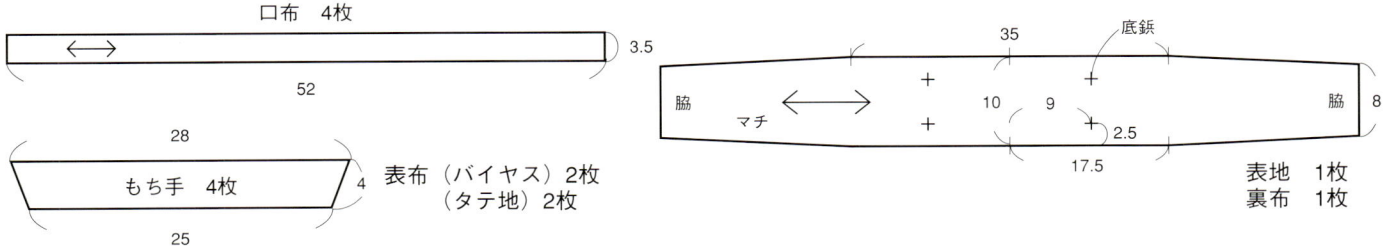

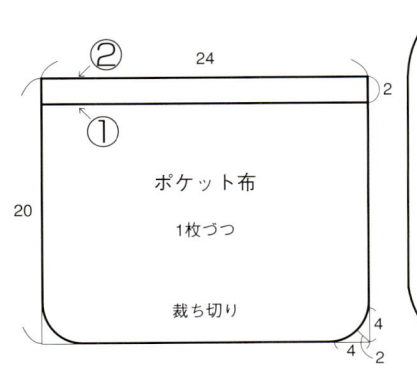

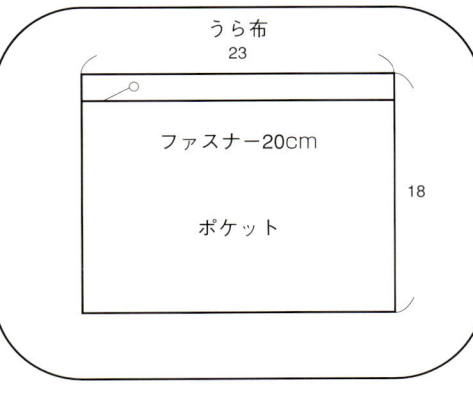

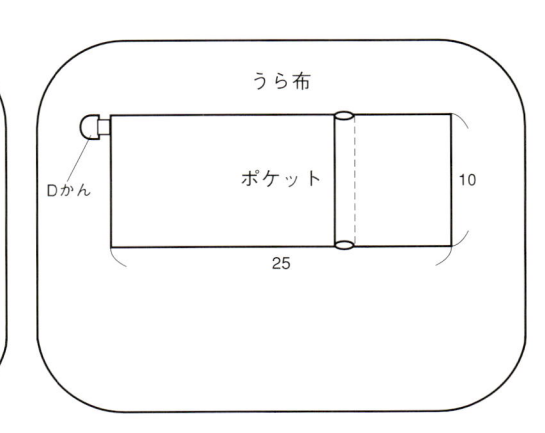

バイヤス 2枚
45　4

口布　4枚
52　3.5

28
もち手　4枚　4
25
表布（バイヤス）2枚
（タテ地）2枚

35　底鋲
脇　マチ　10　9　脇　8
17.5　2.5
表地　1枚
裏布　1枚

② 24
①
ポケット布
1枚づつ
裁ち切り
20　2
4
4　2

うら布
23
ファスナー20cm
ポケット
18

うら布
Dかん　ポケット　10
25

ショルダーバッグ

●材料● 表布（茶）：110×50センチ　表布（ベージュ）：適宜　大島紬適宜　裏布：90×35センチ　キルト芯：90×40センチ　捨て布：90×40センチ　ファスナー：20センチ1本　バックル：3センチ幅1ヶ　マグネット（M71 M72）：各1ヶ

① 表布に接着芯を貼ります。
② 各ピースに0.7センチの縫い代をつけてカットします。ピースを縫い合わせて、縫い代は0.5センチにカットします。縫い代を風車のように一方向に倒してアイロンをかけます。
③ イはピースワークした所にⒷを縫い合わせます。縫い代は0.5センチにカットして、Ⓑに縫い代を倒してアイロンをかけます。
④ 口はⒸⒹⒷの順に縫い合わせます。縫い代を0.5センチにカットしてⒷⒸに縫い代を倒してアイロンがけしてトップの出来上がりです。（図1）
⑤ Ⓐとイと口にキルトラインを書きます。捨て布、キルト芯、トップの順に重ねます。躾をかけて、キルティングをします。（図2）
⑥ Ⓐとイのファスナー付け位置に、バイヤステープを中表に合わせてミシンをかけます。バイヤステープを折り返して、躾糸で押さえます。
⑦ イにファスナーの務歯が見えないように待ち針を打って、躾を掛けます。ファスナー側にポケット布を当てて、玉縁の縫い目のきわに星止めで縫いつけます。
⑧ Ⓐも同様にします。ファスナー止まりより脇に向かって、玉縁を渡しまつりにします。
⑨ ポケット布を袋にして、底部分を本体の捨て布に止めつけます。
⑩ 口はⒹ部分にポケットを仕上げて、ミシン又は立てまつりでつけます。
⑪ 底部分のダーツ4本を縫って、イと口を中表に縫い合わせます。
⑫ 縫い代を切り揃えて、捨て布に巻きかがりします。
⑬ 入り口にバイヤステープを中表に縫い合わせます。テープを折り返して、躾糸で押さえます。出来上がった玉縁のきわに星止めします。
⑭ 肩ひもを仕上げて、本体の両脇に取りつけます。
⑮ 裏布に見返しとポケットを付けて、ダーツを縫って袋にします。縫い代を切り揃えます。
⑯ 裏布の底部分を本体の縫い代の底部分に中とじします。
⑰ 裏布を本体と馴染ませて、見返しを折って、本体の口部分を立てまつりで始末します。
⑱ 見返し部分の中心にマグネットをつけて、ファスナーのスライダーをペンチではずして、布のスライダーを通して出来上がりです。

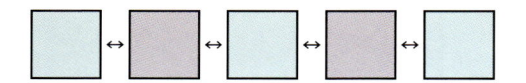

図1

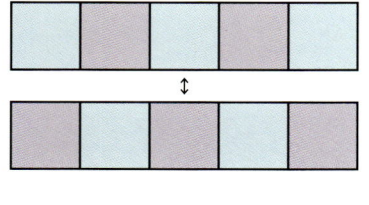

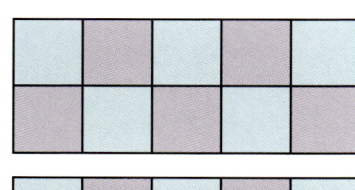

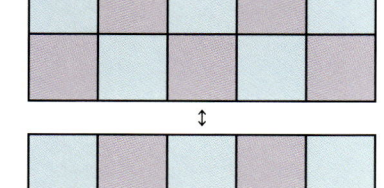

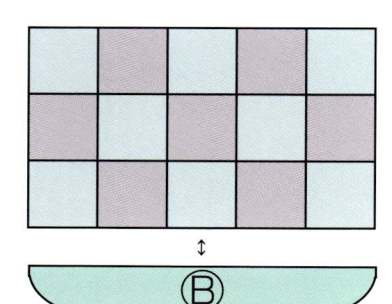

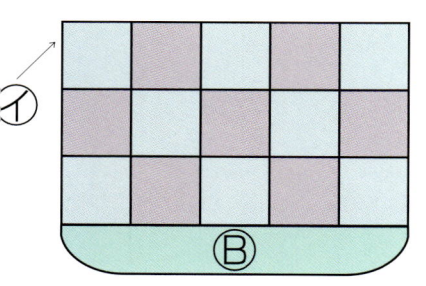

イ　Ⓑ

ショルダーバッグ（前）

Ⓒ　Ⓓ　Ⓑ

Ⓒ　Ⓓ　口　Ⓑ

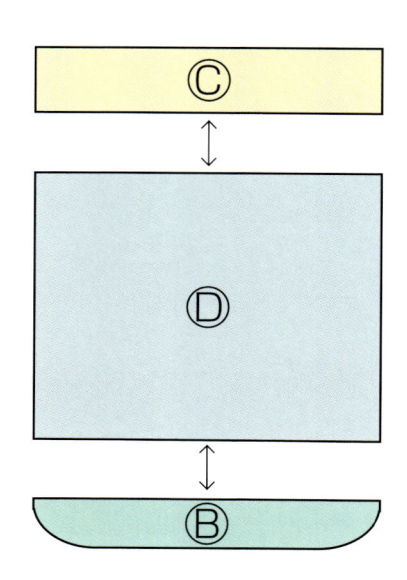

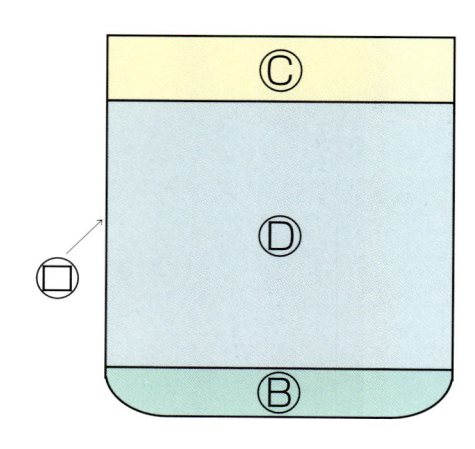

REFORM 和のキルトでバッグを作る

図2

ショルダーバッグ（後）

① Ⓐ 1.8巾 裁ち切り
落としキルトを先にする

□ 1.8巾
5
5
1.8巾 1.8巾

0.5 肩ヒモ位置　マグネット位置（M72）
5　2.5
Ⓐ 1枚　6
見返し線
26.5
Ⓑ 2枚
5
3　3
2　25　2

0.5 肩ヒモ位置
Ⓒ 1枚　3.5
Ⓓ 1枚　18

15枚　5
5

3　3
3　3
2　2

肩ヒモ
3　100
35～40

12.5　6
3
5

バイヤステープ
長さ 55～60cm 1本
　　 30cm 2本

スライダー（裁ち切り）
1枚 2.5
10

② 23
① 2
ポケット布 5
①② 各1枚づつ 22
3　3
裁ち切り

8 マグネット（M71）
3　1　3
ポケット
折りたたむ
13
14
8

左側ポケット
8
10

ポケットふた
8
5
マグネット

見返し布 2枚　6
うら布 ポケット　14
16
うら布 2枚

1.5

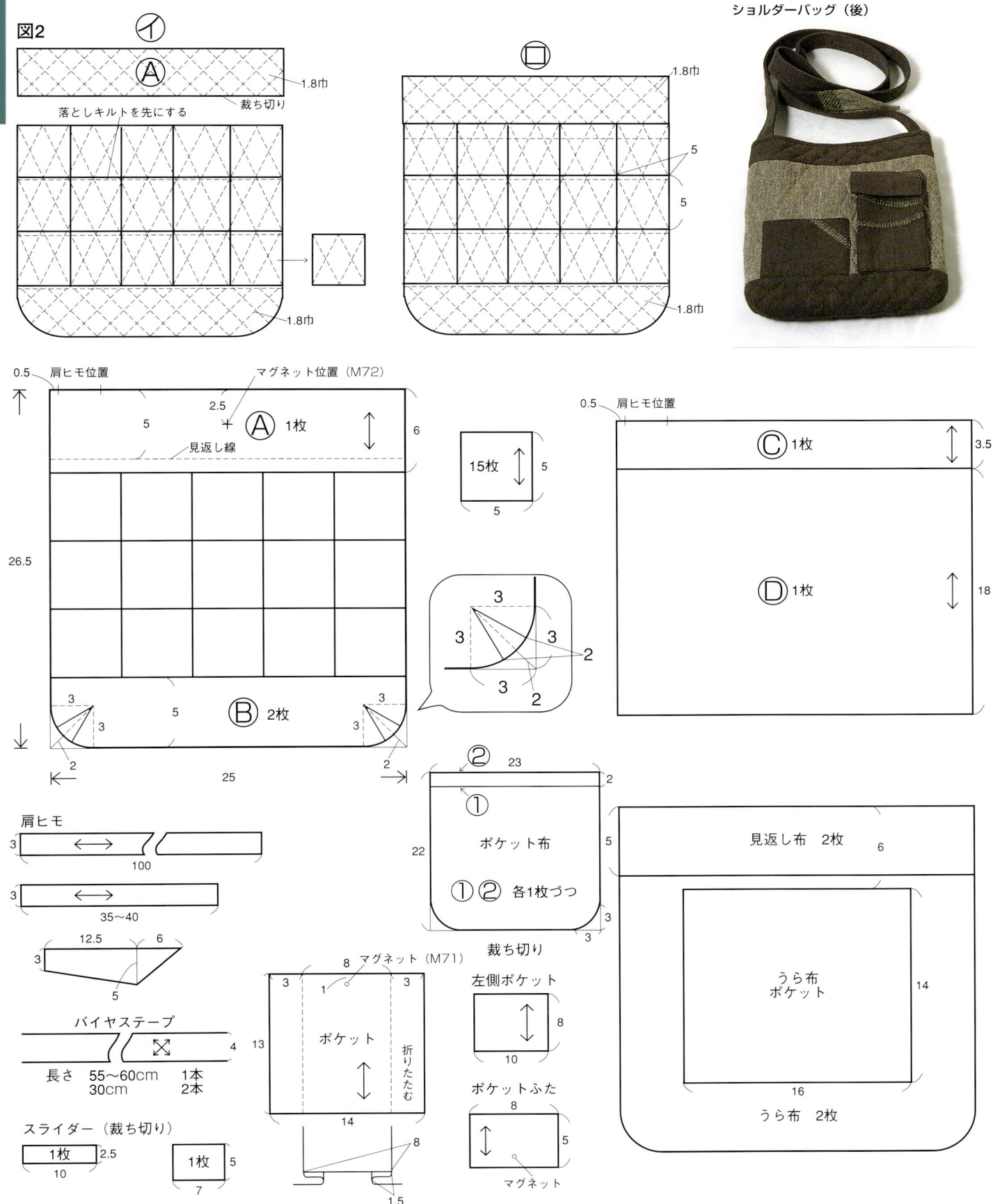

図1

セカンドバッグ

●**材料**● 表布：55×60センチ　表布：（別布）適宜　紬適宜　裏布：90×30センチ　ファスナー：20センチ1本　Dかん：1ヶ　ナスかん：1ヶ

① 表布に接着芯を貼り、各ピースに0.7センチの縫い代をつけてカットします。
② ピースを縫い合わせて、縫い代を0.5センチにカットします。
③ 縫い代は風車のように一方向に倒して、アイロンがけします。
④ イ、ピースワークした所にⒶⒷを縫い合わせます。
⑤ ロⒸⒶⒷも同様にします。
⑥ イ、ロ、マチにキルトラインを書きます。捨て布、キルト芯のトップを重ねて、躾糸を掛けます。イの八角形部分に落としキルトをしてから、キルティングをします。ロも同様にします。(図1)
⑦ イ、ロにマチを縫い合わせます。縫い代を切り揃えて、本体に巻きかがりをします。
⑧ 口の部分にバイヤステープを中表にして縫い合わせます。テープを折り返して躾糸で押さえます。
⑨ Dかんとストラップを両端につけます。
⑩ ファスナーをつけます。ファスナーの務歯が見えないように、待ち針で止めます。表側からテープの縫い目に星止めします。
⑪ 裏布を裁断して中袋を作ります。底部分で中とじします。
⑫ 本体と裏布を馴染ませて、口部分を立てまつりで始末します。
⑬ ストラップの先にナスかんをつけます。ファスナーのスライダーをペンチではずして、布のスライダーを通して、出来上がりです。

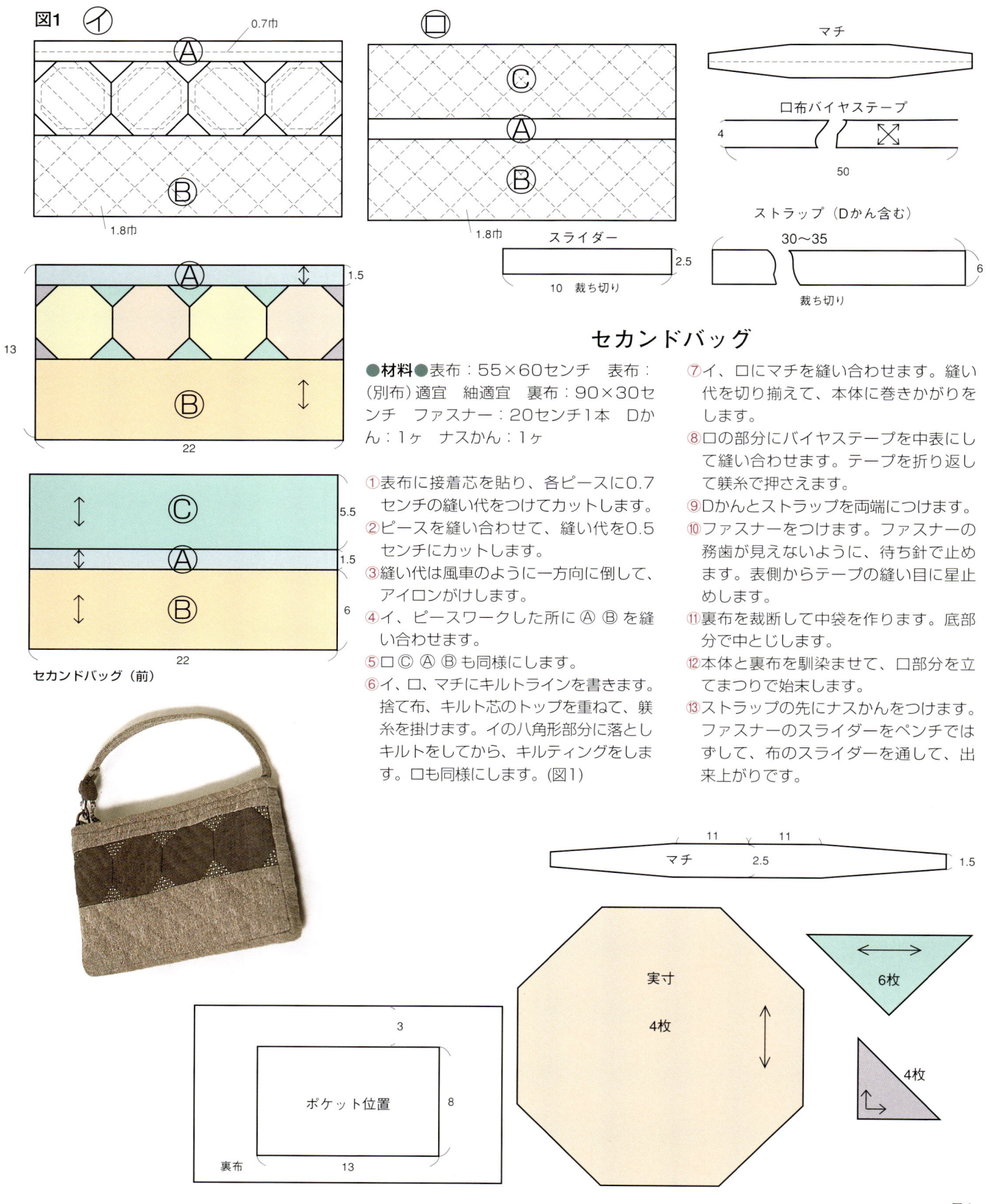

小物世界
スカーフ

江戸時代から長く伝えられてきた手芸にお細工物といわれる分野があります。小さな残り布を縫い合わせて花や鳥、動物、人形などを作ったものです。江戸時代の後半に、富裕階層の女性の手から生まれ、日本女性の教養として伝えられてきました。そのお細工物が今新たなイメージをもって、現代によみがえっています。小さな布から生まれる美を、自由に現代的に楽しんでいます。

並べただけで、こんなに美しいスカーフが出来ました

小物世界
コサージュ

ドレスやバッグに合わせ地味な色で作った花がシック

紬の布で作ったコサージュ。格子模様が若々しく年齢を問わない楽しさ。

洋服と共布でコサージュを作っておくとお洒落がピタッと決まります。下手な宝石よりも華やいで。

小物世界
生活雑貨

イヤリング。微細と言っていいほどの細かな細工。

根付け。伝統的な細工物のデザインです。

針刺し。猫の姿態二種。藤のかごも編んでいます。

アームバンド。新旧あいまった不思議なムード。

思いつくままに
いろいろ作って
楽しい

お雛さまとでんでん太鼓。昔からよく作られてきたアイテム（制作：北九州市・とんぼ）。

着物地の基礎知識

大島（おおしま）

奄美大島特産の織物で、紬糸や玉糸、細い本絹糸を使い細かい絣模様に織った物。樹皮の煮出し液と鉄分の多い泥土で糸を黒褐色に染めた茶大島（泥大島ともいう）、藍で染めた藍大島がある。高価だが正装にはならない。薄いが張りのある生地なのでスーツやコートなどに向いている。現在は鹿児島や宮崎でも作られ、また村山大島など他の産地の名が付いた大島もある。

お召し（おめし）

お召偉という撚りの強い先染めの糸を使って織り、表面にしぼのある生地。平織りが多く紋お召し、縫取お召し、上代お召し、風通お召しなどの種類がある。張りがあってどっしりとした質感で、着物、羽織、帯などに仕立てることが多い。両面が表になる風通は西陣、桐生、十日町、塩沢など。

錦紗（きんしゃ）

り上げる。軽くてしなやかな風合いで、染めて着物や羽織に仕立てられる。また、普通よりも経糸と偉糸ともに細い糸を使って平織りにしたのは錦紗お召という。柔らかくて華やかなので、ギャザーの入ったドレスや女性らしいブラウスなどに向いている。

紗（しゃ）

ごく薄手の夏の代表的な織りの着物。強く撚りをかけた糸を使い、緯糸を経糸2本で絡めて織りその間が全体に透けたように見える。模様を織りだした紋紗、二重織りの紗風通などがあり、いずれも風の通りが良く涼感に溢れているので夏の着物や羽織に用いられる。洋服地にはない独特の味があり、透けるという特長を生かすと面白い物ができる。

上布（じょうふ）

細い麻糸を平織りにした布で、江戸時代には精巧な物が作られ献上布として幕府に納められた。普通、上布といえば麻の布をいうが、綿上布や絹上布もある。また産地により、越後上布や薩摩上布などの名産品になっている。先染めにして絣や縞などを織り出すが、薄地で堅く肌に密着せず通気性が良いので、初夏の代表的な着物地となっている。

縮緬（ちりめん）

絹の縮織物の総称で、経糸に撚りのない生糸、緯糸に撚りを強く掛けた糸で平織りにしてしぼを出した織り方。しなやかで豪華な感じがする錦紗縮緬というのが正式の呼び方で、ふつうの縮緬より経糸を密にして偉糸に撚の強い細い糸を使って織

紬（つむぎ）

布地で、色無地、友禅染、小紋染めなどがある。経糸や緯糸の細さや撚りの掛け方の違いでいろんな種類がある。一越、鬼しぼ、錦紗、綸子、お召しなどもそうである。薄手の物からぼってりした重量感の物まで、様々に使える。

織り糸に節があり、ごつごつした感じの野趣あふれる風合いで、着込んで味が出るといわれるように丈夫である。植物染料で染め、縞や絣の織り模様を作るが、その産地により名前が付けられた紬が各種ある。結城、大島、をはじめ長野県の上田紬、沖縄の久米島紬などが有名。また、伊豆八丈島の黄八丈も紬である。普段着感覚のシャツやジャケットに最適である。

真綿やくず繭から手で紡いだ糸を使って平織りにしたことから紬という。

銘仙（めいせん）

撚りのかかっていない、絹の練り糸や玉糸を使い密な平織りにした物。古くは目千、目専などとも書いたが、縞や絣模様が多くほぐし銘仙、壁銘仙などの種類がある。実用的な普段着や布団地に多く使われてきて、群馬県の伊勢崎、桐生や栃木県足利、埼玉県秩父などが産地として知られる。普段着感覚のシャツなどに使うと面白い。

綸子（りんず）

経緯糸に生糸を使って光沢のある格調高い織物である。柄や模様が繻子風の地紋になっていて白無地は式服（白無垢）に、色無地染め友禅染は振り袖、訪問着、紋付きに使われる。縮緬に綸子縮緬や、駒撚り糸を使った駒綸子などの種類もある。高価で格調高い着物地なので、フォーマルなデザインのものに向いている。

絽（ろ）

平織りと紗織りを混合した織り方で、夏の代表的な着物地で、簾状に透かしが入っている。横絽は緯糸の3本おき、5本おき、7本おきに経糸を交差させて織るやり方で横方向に隙間を作る。それぞれ三本絽、五本絽、七本絽と呼ぶ。普通は横絽が多いが、縦にも同様な方法で隙間を作る縦絽もある。染めも色無地や柄もいろいろあり、通気性も良く肌触りも快適なので夏の着物や帯、袋物に使われる。

半衿に女は命を懸けたのでしょうか

古布の意匠

一時半衿は白が全盛で色のものを付ける人は少なかったのですが、また色付や刺繍のものがはやっています。昔の人は、こんなに見事な刺繍を身につける贅沢を知っていました。その当時の半衿はコレクターも多く、今では手に入れにくい貴重なお宝となっています。

古布を買える お店ガイド

お気に入りの古布に巡りあえると嬉しいものです。
そんな喜びを感じさせてくれるお店を紹介します。

Ma-Tante
川野
アンティックモール銀座
今昔西村
布のオーケストラ
巽や
古美術衣舞・ギャラリーEVE
裂・菅野
古民芸とんぼ
呂藝

仙台

巽や

東北ならではの
味わいの布がそろう

仙台市の繁華街からちょっとはずれた所にある店内は、広く落ち着いた雰囲気。オーナーの目で選ばれた骨董品のなかで、一際目を引くのが壁に掛けられたアイヌの衣装。古裂が並べられた一角を示すかのようで、東北地方で愛用されてきた確かな品質の布地の数々が息づいている。流行に左右されることなく、良い物へのこだわりが感じられる。

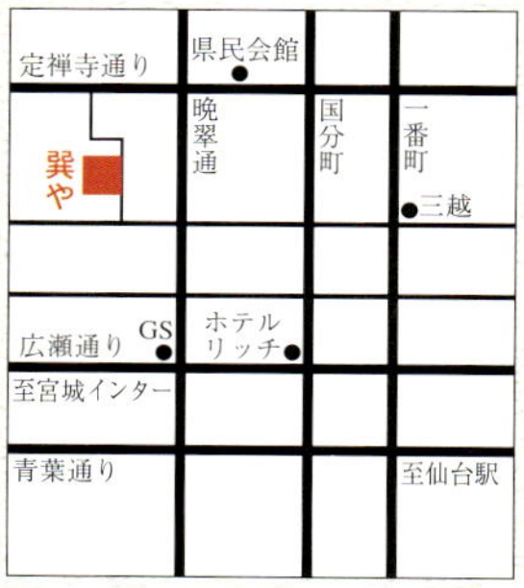

一際眼を引くアイヌの衣装、厚司。

江戸や明治時代の端布、着物が並ぶ。オーナーの確かな眼で選ばれた品。

東北ならではの布を扱っている。

宮城県仙台市青葉区立町25-1桃李園ビル1階 ☎022-265-0642
営10～18時（日・祝は11～17時）　不定休（日曜は要電話）

SHOP GUIDE

古布を買えるお店ガイド

東京　布のオーケストラ

ゆったり選べる畳敷きのスペース

阿佐ヶ谷駅の北口から歩き、駅前の喧噪が完全に遠ざかった住宅街にある。板張りのフロア中央には古裂や布を使った小物類が並べられていて、奥に畳敷きのスペースがあり、かるの待つ。衣桁や衣紋掛けに掛けられた着物の華やかさを醸し出している。整然と並べられた布はくつろぎのハーモニーを生み出し、新たな出番の声がかかるのを待つ。

和室スペースもありゆったりと見られる。

店を入った左側のコーナー。

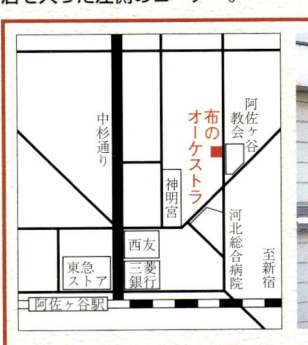

東京都杉並区阿佐ヶ谷北1-15-13　☎03-3339-1876
営12〜19時　定休日　木曜・祝祭日

古布を使用した完成品も売っている。

東京 ギャラリー川野

表参道の場所から外国人客も多い

週に4～5回、本店のある福岡県柳川から荷が届き豊富な品揃え。表参道という場所柄から若い人から外国人までと幅広い来店客が特徴。棚に並べられた帯地や大島紬、台には縮緬の古裂をはじめ小物の種類も多い。

帯地などが棚に豊富に並べられている。

小さな端切れもいっぱい。

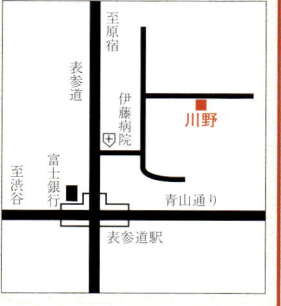

東京都渋谷区神宮前4-4-9 フラッツ表参道102
☎03-3470-3305 営11時～18時 年末年始とお盆休み

東京 呂藝

古裂と手作り教室があり種類も豊富

店の半分は手作り教室のスペースでいつも人の絶えることがない。扱う古裂はすぐ使えるように洗濯アイロン済みと、専門店ならではの配慮。並べられた古裂は時代や種類別に細かく分類されているので迷うことはない。

店中央の台に並べられた端切れ。

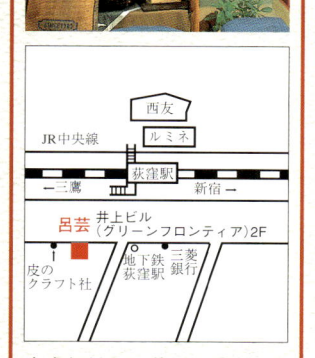

オーナーの目にかなった品物が所狭しと。

東京都杉並区荻窪5-16-15 井上ビル2階 ☎03-3398-2144 営11～18時 無休 教室もあり。要問い合わせ。

SHOP GUIDE — 古布を買えるお店ガイド

東京 アンティークモール銀座

1フロアに22の布地専門店が揃う

ビル全体が骨董店の集まりというユニークさで人気のアンティークモール銀座。2階のフロアーは布地の専門店が集まっている。その数22店舗、古裂から小物、着物やリフォームした完成品、アジアやヨーロッパの布地まで、それぞれの店が特長を生かして扱っている。ここを丹念に回ればイメージ通りの布が見つかるはず。

奥までずっと22軒の店が並ぶ。

各店とも特色ある展示で。

古裂の巻きスカートも。

そのまま着られる着物は若い人にも人気。

東京都中央区銀座1-20-15
☎03-3535-2115
営11〜19時　水曜日定休

アンティークモール銀座 2F　布フロア

ぎゃらりぃ雅	Lori
ささのは	伊万里本舗
アンティークスありさ	灯屋2
夕顔	Lunco
カフェ・ピープル	ぎゃらりぃ悦
灯屋	はぎの
大山キモノ	アンティークジョン
RUMAH KAIN	d&b
綺羅奈	夢工房すず
どうぐや	西梵
Shauzan Collection	Kain Kai

滋賀

萬

京都・大原出身のオーナーが集めた

洋服作りの素材としての着物も。

縮緬の端切れも色とりどり、選ぶのに苦労するほど。

着物から端切れまで、明治、大正、昭和に掛けての時代の物を中心に扱っている。扱う品物は京都出身のオーナーが、伝手を生かして集めており種類も多い。縮緬をはじめとして全般的に豊富に揃っており、洋服作りに欠かせない店。

滋賀県草津市野路1-15-3リベリー南草津2階 ☎077-566-1084。
営11〜18時　日・祝休み

京都

裂・菅野

店前に飾られたあでやかな着物が目印

そのまま着ておもしろい着物たち。

1000円〜何10万の着物まで、楽しみ方いろいろ。

いかにも京都らしい店構えで、ガラス越しに見えるあでやかな布に思わず足を止める。着物は明治大正の物が多く、そのまま着られるものを置いている。オーナーの感性で選んだおもしろい着物がいっぱい。

京都市東山区東山通三条下ル南木ノ元町 ☎075-561-7672
営10〜18時　不定休。

SHOP GUIDE

古布を買えるお店ガイド

京都
古代裂・今昔西村

珍しい染めや織りの逸品が揃う老舗

今昔の名の通り、江戸時代の古裂から昭和初期までを中心に扱う。織りや染めに他では見られない逸品があり、季節に応じて衣桁に掛けられ見る楽しさを演出している。古裂に対する思い入れに深いものがあり、布地選びに迷ったときには相談に応じてくれる。また、古裂を使ったポストカードなどもあり、ちょっとした手みやげに良い。

観賞用も、素材としても、着るためのものも、何でも揃っている。

京都ならではの老舗。宝探しの楽しみが味わえる。

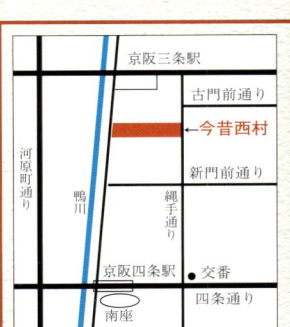

京都市東山区縄手通古門前下ル西側　☎075-561-1568
営10〜19時　水曜休み

着物に込められた想いが伝わってきそう。

大阪 Ma-tante

梅田駅前の好立地で古裂愛好者に人気

20年以上も前から古裂を扱っており、梅田駅前の店として親しまれている。店内は都心の店とあって明るくファッション性に満ちたインテリア。若い女性の来店も多く、更紗などの品揃えにも力を入れている。

すっきりと整理されたディスプレイ。

一目で見られるように展示も工夫。

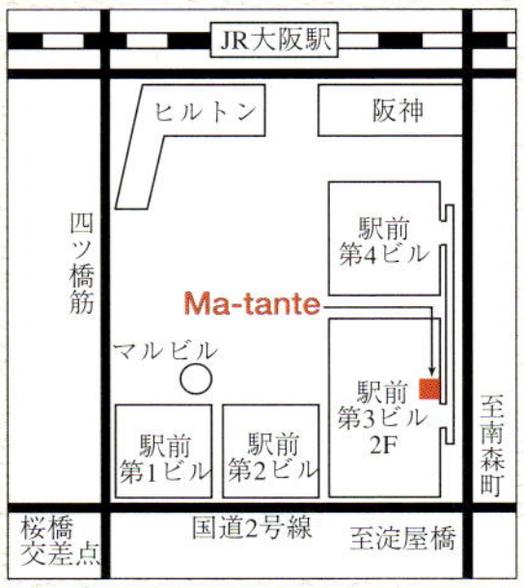

大阪市北区梅田1-1-3駅前第3ビル2階 ☎06-6348-0203
営 11〜19時 日・祝休み
（展示会中は営業）

紗々美

通信販売もしてくれるお店

縮緬を主に様々な古裂を扱う。縮緬細工も教室を開いており、小物も充実。通信販売もしている。
大阪市平野区加美東4-10-6メゾン加美東106、☎06-6793-4744
営 10〜18時、年末年始とお盆以外は無休。

SHOP GUIDE 古布を買えるお店ガイド

北九州
古民芸 とんぼ
手作り小物の展示も多い

ギャラリーとんぼの看板を挟むように、2階の2つの窓一面に鮮やかな彩りの着物が掛けられている。1階は古裂を使った人形などの小物が展示され、七夕飾りかクリスマスツリーと見まごうような飾り付けが来店者の目を奪う。2階はがらりと趣が違い、柳行李や箪笥が置かれ派手な縮緬の着物から藍染めの絣まで着尺や古裂が並ぶ。

細工物の種類も多い。クリスマスツリーのように飾られた細工物が眼を引く。

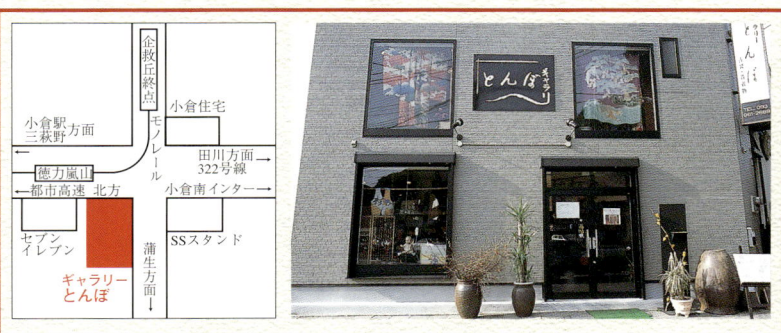

江戸時代の終わりか明治の頃と思われる打ち掛けも。

福岡県北九州市小倉南区徳力6-10-3　☎093-961-2689　営11〜18時
日休み（催事中は営業）小倉駅よりモノレール徳力嵐山下車徒歩1分

北九州
古美術衣舞・ギャラリーEVE

布素材から小物・完成品まである

さまざまな需要に応じた品揃え。

幅広く古裂を扱っており、絹、綿、麻といった材質の違いから縮緬、絣など織りも含めて揃えている。また、パッチワーク材料の端切れから大正ロマンの着物までや、手作り小物の材料といった物までも豊富にある。そうした素材を使っての縮緬細工や洋服などの完成品も年に数回発表し販売しており、古裂の総合ショップといえる。

愛らしい人形用の着物を展示。

福岡県北九州市小倉北区黄金2-5-15-105 ☎093-922-1670・093-922-0996 営10～18時 日・祝休み（展示会中は営業）小倉駅よりモノレール片野下車徒歩6分。

心が温かくなるような色使いの帯。

92

JAZZ

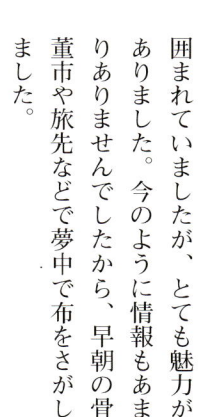

岡崎克代さんの店
古裂の店おかざき

古布との出会い

岡崎克代

十三、四年前の事だったと思います。フリーマーケットで、裂織の帯と龍の絵柄の縮緬を見つけました。実家も戦争でほとんど古い物を焼失してましたので、見た事もないような布でした。母が小さな洋裁店をしていましたので、子供の頃から布に囲まれていましたが、とても魅力がありました。今のように情報もあまりありませんでしたから、早朝の骨董市や旅先などで夢中で布をさがしました。

宝さがしの様に楽しい時でした。縮緬、羽裏、大島紬、襦袢地などどれも美しく、楽しい図柄も多く、夜おそく一人で布をひろげてみる、至福の時でした。手作りの服を古布をあつかうお店においていただくようになり、古布大好きという人に出会い、輪がひろがりすばらしい方の作品も眼にする機会にも恵まれ数多くの洋服を作ってきました。JAZZというネームの古布の洋服をお召しの方もおられるかもしれません。良友に恵まれ、店を開いて五年になります。パッチワーク、縮緬細

工、造花、洋服など手作りして、毎年秋に作品展を店で行っております。

なかなか良い古布を手に入れる事が困難になってきました。先人の残された大切な宝物のような布をどう生かすか、とても楽しい仕事と感謝しております。

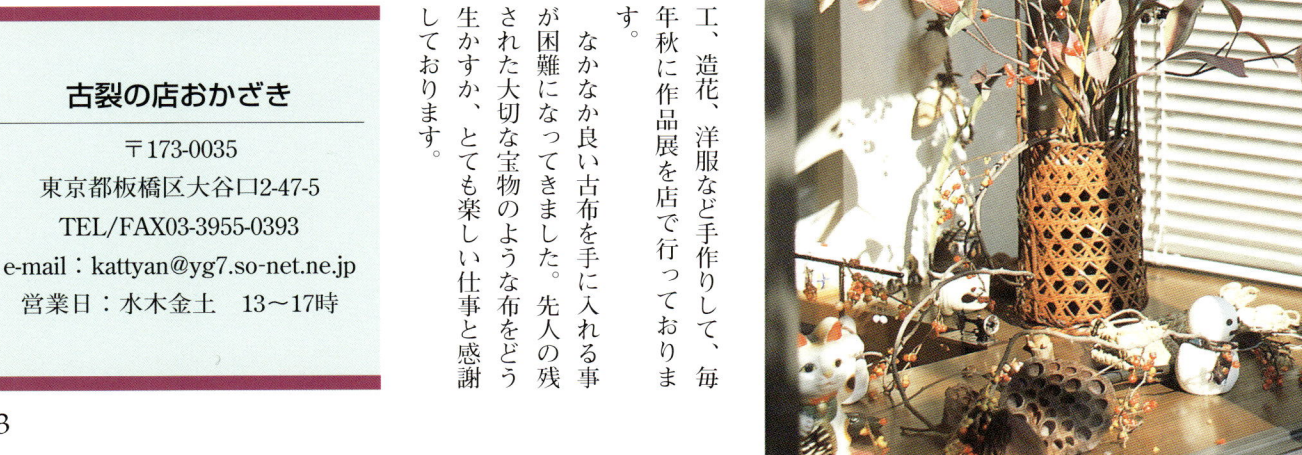

古裂の店おかざき

〒173-0035
東京都板橋区大谷口2-47-5
TEL/FAX03-3955-0393
e-mail：kattyan@yg7.so-net.ne.jp
営業日：水木金土　13〜17時

古裂が買える骨董市

東北

仙台市古民具骨董青空市
毎月第4日曜
仙台市青葉区東照宮1-6-1
仙台東照宮神社境内
好観堂☎0191-23-1888

諏訪神社古民具骨董市
毎月第1日曜
山形市諏訪町1-1-55 諏訪神社境内
東北民芸社☎022-786-7320

関東

大前神社お宝骨董市
毎月第2日曜（11月のみ第4日曜）
栃木県真岡市東郷937 大前神社
大前神社お宝骨董市事務局
☎0285-84-8600

桐生天満宮古民具骨董市
毎月第1土曜
群馬県桐生市天神町1-2-1
桐生天満宮境内
ライフ☎0270-23-6582

群馬県高崎田町骨董街道
毎月最終日曜
群馬県高崎市田町 田町大通り
群馬県青年美術倶楽部
☎0273-24-5040

川越成田不動尊の市
毎月28日
埼玉県川越市久保町9-2 成田山川越別院
人形骨董・たけひ
☎03-5996-4105

浦和宿ふるさと市
毎月第4土曜
埼玉県さいたま市岸町3-17-25
調（つきのみや）神社参道・公園
拓也コレクション
☎048-875-5156

東金骨董祭
毎月第1日曜
千葉県東金市田間2366
上行寺境内
蔵☎0475-53-0199

千葉寺骨董市
毎月第3日曜
千葉市中央区千葉寺町161
千葉寺境内
祭々☎0476-28-6123

幕張骨董市
毎月第4日曜
千葉市JR海浜幕張駅前
楽市楽座事務局
☎0276-38-3417

湘南藤沢遊行寺 骨董古民具蚤の市
毎月第1日曜、第4土曜
神奈川県藤沢市西富1-8-1
遊行寺境内
原田☎0465-35-2766

小田原骨董古民具蚤の市
年2回（春秋）
神奈川県小田原市小田原城址公園
原田☎0465-35-2766

やまとプロムナード古民具骨董市
毎月第3土曜
神奈川県大和駅東西プロムナード
やまとプロムナード古民具骨董市実行委員会事務局
☎046-267-0077

東京

富岡八幡宮骨董市
毎月第1日曜（1月は除く）、第2日曜
江東区富岡1-20-3 富岡八幡宮境内
楽市楽座事務局
☎0276-38-3417

花園神社青空骨董市
毎日曜
新宿区新宿5-17-3 花園神社境内
花園神社☎03-3200-3093

目黒不動尊骨董市
毎月第2・3日曜
目黒区下目黒3-20-26 目黒不動尊境内
あかし☎04-4977-0210

東郷の杜能美の市
毎月第1・4・5日曜
渋谷区原宿 東郷神社境内
JR原宿駅下車
椎名☎03-3425-7965
（前日19時まで）

新井薬師骨董市
毎月第1日曜
中野区新井5-3-5 新井薬師境内
幻灯館☎03-3319-6033

青山オーバルプラザ青空骨董市
毎月第3土曜
渋谷区神宮前5-52-2 オーバルプラザ
T, A, F実行委員会
☎03-3917-5426

東海

靖国神社青空骨董市
毎月第2・3日曜
千代田区九段北3-1-1　靖国神社境内
実行委員会・平山：03-3791-0006

町田天満宮 がらくた骨董市
毎月1日（1月のみ変更）
町田市原町田1-21-5　町田天満宮境内
尊古斎：0428-86-2950

福生七福神宝市
毎月第2日曜
福生市熊川659　熊川神社境内
熊川神社：0425-51-0720

世田谷のボロ市
1月15・16日、12月15・16日
世田谷区世田谷1丁目　ボロ市通り
世田谷ボロ市保存会：03-3429-1829

全国古民具骨董まつり
年5回（3月・5月・6月・9月・12月の各3日間）
大田区平和島6-1-1　東京流通センター
骨董館：03-3980-8228

大須観音骨董市
毎月18・28日
名古屋市中区大須2-21-47　大須観音境内
大須好友会：052-731-5586

名古屋骨董祭
年3回（5月・8月・12月）
名古屋市千種区吹上2-6-3　中小企業振興会吹上ホール
骨董祭実行委員会事務局：052-731-5586

飛騨高山我楽多市
5月～10月の毎月7日
岐阜県高山市　さんまち通り
高山市役所観光課：0577-32-3333

北陸・甲信越

新潟骨董大市
年2回（3月・9月）
新潟県新潟市鏑木185-10　新潟市産業振興センター
人形・骨董たけひ：03-5996-4105

金沢骨董まつり
年2回（4月・10月）
石川県金沢市袋畠町南195　石川県産業展示館3号館
いなり商店：0762-21-1879

青空のみの市
毎月第1日曜
富山市磯部町1-1　富山県護国神社境内
のみの市実行委員会：0764-91-4184

軽井沢蚤の市
8月1～31日
長野県北佐久郡軽井沢町　旧軽井沢公民館
開催期間現地：0267-42-4985

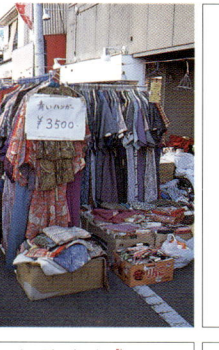

近畿

小江戸彦根の骨董市
毎月第3日曜と前日の土曜日
滋賀県彦根市金亀町1-1　彦根城前二の丸駐車場
彦根観光協会：0749-23-0001

須磨寺蚤の市
毎月第1日曜（1月は除く）
神戸市須磨区須磨寺町4　須磨寺境内
蚤の市クラブ：078-742-0993

京都大骨董祭
年3回（3月・6月・11月前後）
京都市伏見区武田鳥羽殿5　京都府総合見本市会館（パルスプラザ）
吾目堂：077-522-2307

お初天神蚤の市
毎月第1・3金曜
大阪市北区曽根崎2-5-4　露天神境内
小林：06-6790-3781

北野天満宮天神市
毎月25日
京都市上京区馬喰町　北野天満宮境内
北野天満宮社務所：075-461-0005

京都東寺弘法市
毎月21日
京都市南区九条町1　東寺境内
東寺事務所：075-691-3325

中国・四国・九州

山口フリーマーケット骨董市
毎月第1日曜
山口県山口市中河原町6　県立美術館前ふれあい広場
山口リサイクル連合会：0839-27-5599

土佐高知日曜市
毎日曜
高知市追手筋沿い
高知市観光課：0888-22-8111

太宰府天神おもしろ市
年6回（3月・5月・7月・9月・10月・12月）
福岡県太宰府市太宰府4-7-11　太宰府天満宮境内
おもしろ市事務局：092-922-4345

●監修者紹介●
jazz/岡崎克代（おかざきかつよ）
13～14年程前に古布と出会い魅せられる。古布で洋服を作るようになり、1991年古裂の洋服大賞を受賞。jazzのブランドで販売を始める。1997年「古裂の店おかざき」をオープン、バッグや細工物も扱って、古布・古裂の魅力を普及。

●協　力●
国際文化学園　篠原博昭

●制作スタッフ●
バッグ　村松信子　盛田直美　森下圭子
　　　　熊谷美代子　吉田美子
小　物　三好みさお　熊谷美代子　吉田美子　藤津妙子
洋服縫製　伊藤敬子（有限会社シャンドレス）
協　力　中西光子　佐藤邦子

●編集スタッフ●
企画構成　有限会社モノアート
撮　影　横山克己（サンビーム）　川村典幸　福谷　均
　　　　片岡　聡　創童舎　三本木豪
デザイン　牧野公子
イラスト　羽衣える
トレース　門守祐一
モデル　夏川はるみ　神谷みゆき
ヘアメイク　国際文化理容美容専門学校・工藤美奈子

着物をおしゃれにリフォーム

監　修　岡崎克代
発行者　深見悦司
印刷所　凸版印刷株式会社

発行所
成美堂出版

© SEIBIDO SHUPPAN 2002

PRINTED IN JAPAN
ISBN4-415-01997-8
落丁・乱丁などの不良本はお取り替えします
●定価はカバーに表示してあります